JN007813

シリーズ
今日から
福祉職

押さえておきたい
介護保険・
高齢者福祉

[編著]

結城康博　　網中肇

淑徳大学教授　　元千葉市職員

ぎょうせい

はじめに

　昨今、自治体行政における高齢者部門の役割が重要視されています。介護保険の運営（保険料、事業計画、監査・実地指導など）、養護・軽費老人ホーム関連事務、高齢者虐待、元気高齢者の社会活動促進、介護予防、地域の高齢者の支援、敬老祝い事業、民生委員組織の事務局など、業務は多岐にわたります。

　しかし、自治体職員は、3～5年で人事異動があり、たとえ40歳であってもはじめて高齢者・介護部門の仕事に就くといったことも珍しくありません。まして、新卒で配属されれば、かなり専門用語や社会制度に困惑するでしょう。

　その意味では、本書に目を通していただければ、おおよその自治体行政における高齢者部門の知識が身につき、配属先での新しい業務にスムーズに取り組むことができると思います。

　もっとも、一般市民にとっても、「役所」というと縦割り行政で、たらい回しされてしまうといったこともあるでしょう。本書では、公務員以外の一般市民の方が、高齢者福祉及び介護保険の仕組みを理解するうえで、有益となるよう心掛けて作業にあたりました。

　一般書では「介護保険の仕組み！」「誰でもわかる高齢者福祉・介護保険！」といったキャッチフレーズで、入門書が多く公刊されています。しかし、これらは役所の仕組みと照合させて解説されているとは限りません。その点では、本書を参考に高齢者福祉・介護保険について知識を得ることで、行政知識も身につく利点があると考えます。もちろん、福祉学を学んでいる学生、社会福祉士など国家試験を目指している人たちにも効果的な学習教材としての要素も意識しているので、参考にしていただければ幸いです。

本書は、はじめて高齢者・介護部門に配属された自治体職員もしく
は一般市民及び学生も含め、業務概要の知識を得るための入門書とし
て活用いただくことを目的としています。本書が、高齢者・介護部門
の知識を身につける一助となれば幸いです。

　令和3年9月

執筆者を代表して

結　城　康　博

目　　次

第3章　介護保険②事業者の指定、実地指導、監査など

第4章　介護・高齢者部門における保健師の役割

第5章 措置としての高齢者虐待対応・養護老人ホーム

第9章　介護・高齢者部門と障害福祉部門の歴史的変遷

第 1 章

介護保険・高齢者福祉とは

1 高齢者福祉及び 介護保険関連部署に配属

💬 （1）異動は必ずある

　都道府県や市町村職員であれば、異動は誰しも経験するでしょう。例えば、20歳〜60歳までの約40年間の役所勤めだったとしましょう。単純に4年おきに異動しても10回は部署が変わることになります。

　そのため、一般事務職であっても、必ず福祉系部署の仕事に従事する確率は高くなります。そして、介護保険・高齢者福祉に関する仕事に従事する機会も、長い公務員生活においては充分に考えられます。

💬 （2）介護保険と老人福祉は異なる

　そこで、高齢者福祉関連の部署に配属になった場合、まずは高齢者福祉と介護保険を知ることが重要となります。いわゆる「福祉制度」と「社会保険」を理解することです。この点を理解していないと、職務に従事することはできないといっていいでしょう。

　自分の職務が「福祉制度」に基づくのか？「介護保険（社会保険）」によるのかを考えながら、配属先で仕事を覚えていきましょう。

2　高齢者を支える仕組み

💬 （1）福祉・介護保険（社会保険）・保健

　社会保障制度の仕組みとして、「福祉」「介護保険（社会保険）」「保健」といったものが挙げられます（表1-1）。

　福祉的側面として、例えば、施設入所、生活支援サービスなど、市町村が中心となって提供されることが多々あります。具体的な関連法律としては、介護保険法、老人福祉法、高齢者虐待防止法、バリアフリー新法、高齢者の居住の安定に関する法律です。

　いっぽう保健サービスとしては、例えば、介護予防、栄養教室、健康相談などが挙げられます。具体的な関連法律は、介護保険法、高齢者の医療の確保に関する法律です。介護保険（社会保険）については、後ほど詳しく説明することとします。

表1-1　社会保障制度の3分類

社会福祉	社会保険	保健サービス
生活保護（公的扶助）	医療保険	特定健診（メタボ健診）
障害者福祉	年金	妊婦健診・乳幼児健診
高齢者福祉	介護保険	予防接種・保健指導
児童福祉	雇用保険	がん検診
	労働災害補償	公衆衛生

筆者オリジナルに作成

💬 （2）高齢者福祉

　高齢者福祉は、1963年に公布された「老人福祉法」と関連する業務が中心となります。具体的には「老人福祉施設」関連として、特別養護老人ホーム（介護老人福祉施設）、養護老人ホーム、軽費老人ホーム（ケアハウス）、老人福祉センター、地域包括支援センターなどがあります。

　しかし、特別養護老人ホームと地域包括支援センターは、介護保険の枠組みで運営されていますので、むしろ介護保険法との関連で理解しておく必要があります。その意味では、「老人福祉法」と「介護保険法」といったように、1つの事業（業務）であっても、2つ以上の法律が関連している業務が多々あるため、それぞれ事業の目的に応じた根拠法をおさえておく必要があります。

　例えば、地域包括支援センターの根拠法は介護保険法ですが、高齢者虐待対応なども関連するため、「高齢者虐待防止法」とも深い関わりがあります。

　なお、予算業務においては、「一般財源」によるものと、「国庫支出金」によるものがありますので、その違いを認識しておくべきでしょう。また、介護保険といった「特別会計」と関連するものもありますので、その点も充分に踏まえておくべきです。

💬 （3）老人ホームには３種類ある

ア　軽費老人ホーム（ケアハウス）とは

　老人ホーム（高齢者施設）というと、以下のとおり一般的に３種類あります。①特別養護老人ホーム（ここでは説明しません）、②軽費

老人ホーム（ケアハウス）、③養護老人ホーム。

　軽費老人ホーム（ケアハウス）とは、老人福祉法に基づき公費が投入されている老人ホームです。比較的軽度者の高齢者が入所する施設で、いずれ重度になっても介護保険サービスを利用しながら、継続して生活できる施設です。原則、全室個室でプライバシーも守られています。

　毎月の費用は所得にもよりますが9万～15万円程度となっています。公費が投入されているため、高い値段設定ではありません。元気高齢者も入所できますので、自分で自家用車を所有して、昼間、外で自由な時間を過ごす人もいます。独りだと何かと不安なので、ケアハウスに入所するのです。そして、次第に心身の機能が衰え要介護状態になったら介護保険サービスを利用していきます。

　もし、利用を考えるなら、直にケアハウスに連絡して見学し、担当者に説明を聞きながら、入居を決めることになれば施設と契約することになります。

イ　養護老人ホーム

　次に、養護老人ホームという施設ですが、基本的には元気高齢者もしくは要支援者を対象としています。

　しかし、元気高齢者が入所時から状態が悪くなり、要介護1～3程度になった高齢者も入居しています。この老人ホームは、福祉的機能が強い施設で、入所する際には市役所などへ相談して申し込むことになっています。

ウ　有料老人ホームなど

　参考までに、「有料老人ホーム」についてもよく耳にすることがあ

ると思います。この施設は老人ホームには違いありませんが、公的機関ではないので、一般的には利用料や入居一時金が高いのは周知のとおりです。

　「介護付有料老人ホーム」「住宅型有料老人ホーム」「健康型有料老人ホーム」の３種類がありますが、現在、「介護付有料老人ホーム」が大部分を占め、一部、介護保険サービスも利用できます。

　費用は、入居金100〜5,000万円と様々で、毎月の総費用も13万円〜30万円程度と幅があります。しかし、最低でも毎月の費用が15万円程度の施設でなければ、生活保護世帯をターゲットにした有料老人ホームの可能性が考えられます。

　つまり、有料老人ホームの中には、生活保護世帯を対象に一定レベルの「質」しか担保しない事業を展開している施設も少ないですがあります。

　その他にも老人ホームというカテゴリーではありませんが、「グループホーム」「老人保健施設」「高齢者住宅」などの施設系サービスがあります。

（4）措置制度

　高齢者福祉サービスにおいて、理解しておくべき重要なキーワードとして「措置制度」が挙げられます。「措置」とは、行政行為に基づいて福祉サービスが提供されることを意味します。戦後、「措置制度」のもとで福祉が展開されてきました。

　措置を行う機関を「措置権者」といい、主に市役所があてはまります。具体的には、社会福祉法人などの社会福祉施設へ入所を決定する事務です。

　しかし、介護保険制度が創設されて以降、高齢者への入所措置の多くは廃止されました。現在、措置制度が残っているのは、養護老人ホームの入所業務のみです。

　また、高齢者虐待などが生じると、被害にあった高齢者を福祉事務所が一時的に施設に入所させることも、「措置」と位置づけられます。

💬 （5）各サービス事業「実施要項」によるもの

　他に高齢者福祉サービスとして、各市町村独自によるものがあります。これらは各サービスの「事業実施要項」に基づいて実施されています。

　具体的には、「紙おむつの配付」「交通安全つえの給付」「あんしん電話（緊急通報装置）」「訪問理美容サービス」「住宅改修費の助成（介護保険以外）」「配食サービス」「はり・きゅう・マッサージ助成券の交付」「健康入浴券の交付」「高齢者見守り支援事業」など、地域に応じた高齢者福祉サービスがあります。

　なお、これらのサービス利用においては、自己負担額を徴収する場合があります。例えば、①「市町村民税世帯全員が非課税」、②「世帯全員が市町村民税非課税かつ本人年金収入等80万円以下（生活保護受給者を含む）」といった基準に従って、その徴収額も異なるケースが多いようです。

3 そもそも社会保険から確認しよう！

（1）介護保険（社会保険）と民間保険の違い

　そもそも、「介護保険」を理解するうえでは、「社会保険」と「民間保険」の違いから認識しておく必要があります。つまり、生命保険会社や損害保険会社が運営している「民間保険」と、社会保障制度の一環として国や自治体が運営する「社会保険」とでは、「保険」といっても明らかな違いがあります（表1-2）。両者の大きな違いとしては、「強制」か「契約（任意）」かです。

　強制的に加入する「介護保険（社会保険）」は、40歳以上の国民全員が何らかの「防貧的機能」の枠に入ることができ、最低限の介護サービスが担保できます。また、強制的に加入することで、保険料により介護サービスの財政運営が安定します。

表1-2　社会保険と民間保険の違い

社会保険	民間保険
強制的加入	任意（契約）加入
公的機関が運営	純粋な民間機関が運営
税金が投入されている	原則、税金は用いられない
サービス水準は最低限であるが、普段の保険料（負担）は所得等に応じる	サービス水準は高いが、普段の保険料（負担）が高い

筆者オリジナルに作成

（2）社会保険の種類

「社会保険」制度には、職域や職種などによって異なるものの、大きく「年金」「医療保険」「介護保険」「雇用保険」「労災保険」の５つの制度があります。なお、「社会保険」制度を理解するうえで、共通して覚えるポイントがあります。

ア 保険者は？

必ず「保険者」は何処なのかを理解しましょう。「国」「市町村」「公的組織」など、５つの制度は、それぞれ異なるので、運営主体である保険者を認識しておくことは重要です。特に医療保険などは、保険者がいくつもあるので、その種類も把握しておくべきです。

イ 被保険者及び被扶養者

保険者は、制度を運営している主体ですので、被保険者は、それに加入している人たちです。この対象者を、しっかりと把握しておくことが重要です。

ただし、サラリーマン等が加入している医療保険（健康保険）では、「被扶養者」という概念があります（三親等内の親族）。被保険者は本人ですが、その家族も、病気になったときなど、保険サービスが受けられます。ただし、「被扶養者」の範囲は、被保険者の収入で暮らしが成り立っていれば、必ずしも被保険者と同居していなくても構わないことになっています（主に二親等内）。

例えば、大学生がアパートを借りて親と別居していても、被扶養者となることができます。しかし、年収130万円を超えてしまうと、被扶養者になることはできません。ですから主婦の人は、年収130万円

未満のパートしかせず、その金額を調整しているのです。なお、60歳以上は、180万円未満です。

ウ　保険料は？

　保険料の仕組みは、かなり複雑ですが、「社会保険」を学ぶうえでは必要不可欠です。しかも、その保険料が、「所得に応じて異なるのか？」「全員一律なのか？」「課税世態もしくは非課税世帯か？」で、その計算式が異なります。保険料の算定の仕方は難しいですが、概略だけでも理解しておくべきでしょう。

エ　保険給付（金銭給付と現物給付）

　保険給付とは、サービス内容のことを意味します。大部分は現金給付（サービス）ですが、現物給付（サービス）の場合もあります。しかも、自己負担額も、所得などに応じて異なります。保険給付額と実際に利用する人が支払う額等（自己負担分）も把握する必要があるでしょう。

　例えば、「年金」は金銭給付ですが、「医療」及び「介護」は、原則、現物給付です。また、生活保護制度は現金給付であるものの「社会保険」ではありません。

　ただし、「社会保険」の中には、保険給付以外に、事業を実施している場合もあります。介護保険は「地域支援事業」という位置づけで、保険給付以外の事業も重要なので理解をしておきましょう。

（3）保険料or税金か？

　「社会保険」は、主に税金と保険料（加入者からお金を集める）で

賄われています。ですから、保険料を払っていない人は、困った時に
サービスを受けることができません。

　いっぽう「福祉」は、主に税金で賄われているので、国民すべてが
加入者といえなくもありません。ある程度の条件にあてはまる人（困っ
ている人）には、原則、サービスが提供されます。つまり、保険料負
担のような「義務」はないのです。もっとも、税金は国民が支払って
いるため、間接的に負担しているともいえます。

4　介護保険とは？

（1）保険者は市町村

　「介護保険」を理解するうえで重要なポイントとして、必ず「保険者」は何処なのかを認識しておく必要があります。それは「市町村」です。参考に「医療保険」は保険者がいくつもありますが、「介護保険」は市町村なので覚えやすいでしょう。

　ただし、小さな「町」「村」といった自治体では、いくつかが組合を作って「広域連合」という形で、介護保険の保険者として運営主体となることができます。小さな自治体では、事務運営なども非効率なので、いくつかの「町」「村」が共同で連合体を作って介護保険を運営しています。

　いっぽう「被保険者」は、それに加入している人たちです。つまり、毎月、保険料を支払って、もしもの時に介護サービスを受ける側を意味します。後ほど述べますが、この対象者を把握しておくことが重要です。

　なお、繰り返しますが、介護保険の保険料の仕組みは、かなり複雑ですので簡単に解説しておきます。毎月、保険者に支払う保険料額は、被保険者の所得（収入）に応じて異なります。ただし、「課税世帯もしくは非課税世帯か」で、その計算式が異なります。

（2）第1号被保険者と第2号被保険者

　介護保険の被保険者は、2つの種類に分かれています。1つは65歳

以上の「第1号被保険者」といわれるものです。もう1つは40歳以上65歳未満の「第2号被保険者」といわれるものです。この2種類の被保険者の違いは、保険料徴収方法と、介護サービスの利用方法で大きく異なります。

　第1号被保険者（65歳以上の方）の場合、保険料は保険者である市町村が直に徴収することになっています。しかし、第2号被保険者（40歳～65歳未満）の場合は、各自の職場で加入している医療保険者から医療保険料と併せて徴収されるのです。なお、自営業の方々は、各々が加入している医療保険である国民健康保険料に介護保険料が上乗せされて徴収されています。

　また、介護サービスの利用方法も、第1号被保険者であれば心身の状態が悪ければ、直に市町村に要介護認定申請の申し込みが可能ですが、第2号被保険者においては、特定疾病に該当しないと要介護認定の申請をすることはできません（表1-3）。

表1-3　特定疾病の種類

特定疾病（16疾病）
①ガン末期、②関節リウマチ、③筋萎縮性側索硬化症、④後縦靭帯骨化症、⑤骨折を伴う骨粗鬆症、⑥初老期における認知症、⑦パーキンソン病関連疾患、⑧脊髄小脳変性症、⑨脊柱管狭窄症、⑩早老症、⑪多系統萎縮症、⑫糖尿病性神経障害等、⑬脳血管疾患、⑭閉塞性動脈硬化症、⑮慢性閉塞性肺疾患、⑯両側の膝関節又は股関節に著しい変形を伴う変形性関節症

厚労省資料より

 （3）要介護認定

ア　介護保険サービスを利用するために

　介護保険は介護保険証1枚あったとしても、すぐに施設へ入所した

り、ヘルパーを頼めるかといえば、そうではありません。単に介護保険証1枚を介護事業所へ持参したからといって、すぐに介護保険サービスは使えないのです。高齢者が介護保険サービスを利用しようとすれば、まず、市町村から「要支援者」もしくは「要介護者」と認定されなければなりません。

　そのためには、役所に調査の申し込みを行い、様々な調査を受け、介護が必要と判断されて、ようやく介護サービスが受けられるようになるのです。もっとも、申し込みは直に役所に行かなくとも、「地域包括支援センター」といった相談機関でも受け付けてくれます。

イ　認定調査

　ただし、これら要介護認定調査において「おじいちゃんが、なんでも調査員の人に、『できる！』と言って、軽く判定されてしまった」と、雑誌やTV番組で見聞したことはないでしょうか？「普段は物忘れがひどいのに、調査時にはしっかりと言える。起き上がりも頑張ってしまって、本来なら要介護3ぐらいなのに、要介護1と判定され、保険が効くサービス量が減ってしまった」と嘆く娘など……

　周知のように介護保険は、心身の状態の悪化度が軽い「要支援1・2」と、介護が必要な「要介護1～要介護5」と7段階に区分され、介護度が上がれば保険適用のサービス量が増えていきます(図1-1)。

　なお、認定調査票には「特記事項」という箇所があり、調査員が自由に書き記す部分があります。決まった質問項目、例えば、「片足立ちはできますか？」「腕を上げることはできますか？」「自分で起き上がりはできますか？」など以外に、調査員が気づいた点を書き記す部分があります。

　家族が同席していれば、「普段は物忘れが激しいです。車椅子の状

図1-1　要支援・要介護者のおおよその目安

	おおよその身体状況
要支援1	多少、身の回りの支援が必要
要支援2	かなり身の回りの支援が必要
要介護1	杖歩行状態で身の回りの支援が必要
要介護2	車いすもしくは杖歩行で身の回りの支援・介助が必要。
要介護3	車いす状態、自力では歩行ができず、トイレ介助も常時必要
要介護4	準寝たきり状態でベッド上での生活が中心、寝返りなどは自力で可能
要介護5	全くの寝たきりで、起き上がりも自力では難しい

※認知症の程度で差が生じることがある
筆者の現場経験から作成

態で起き上がることは、難しいです」と、調査時以外の状況を書き加えることができます。仮に、調査項目に基づいて本人の回答のみだけで記入されてしまうと、軽く判定されることがあるのです。特に、男性高齢者は、口数が少ないため質問しても、「はい、いいえ」しか反応せず、調査員が問題点を拾い上げにくいことがあります。

ウ　主治医との連携

　要介護認定の結果に大きな影響を及ぼすものとして、主治医（かかりつけ医）の意見書も忘れてはなりません。先の調査員の結果と、かかりつけ医による意見書で、認定結果が決まっていきます。そのため受診した際には、必ず、要介護認定の申請をした旨を伝えるべきです。また、日常の生活状況なども、きめ細かく伝えておく必要があります。高齢者本人が難しければ、できれば家族が同席して医師に説明するほうがよいでしょう。診察時間が5分前後なので、医師は普段の日常生活の状況まできめ細かく聞かない場合もあり、患者側から伝える必要があります。

　また、総合病院など大きな病院の医師が主治医（かかりつけ医）になっている場合、医師の意見書の手続きに時間がかかるため、できれば近所の診療所の医師をかかりつけ医として、要介護認定の申請の際には、申し込み用紙に記入したほうがよいでしょう。医師の意見書の役所への提出が遅れると、認定結果が遅れ、申請から結果までおよそ30日前後なのが、60日もかかることが珍しくありません。

　このように市町村における要介護認定の事務は、介護保険関連部署においては重要な位置づけとなっています。なお、当然ですが、年齢が高くなると要介護認定率も高くなることも確認しておきましょう(表1-4)。

表1-4　年齢別にみた認定率（2018年度）

	65〜69	70〜74	75〜79	80〜84	85〜89	90〜94	95〜
要介護（計）	2.9%	6.0%	12.8%	28.1%	50.4%	71.4%	92.8%
要介護3〜5	1.0%	1.9%	3.7%	8.2%	16.9%	30.7%	55.7%
要介護2以下	2.0%	4.2%	9.1%	19.9%	33.5%	40.6%	37.1%

厚労省社会保障審議会介護保険部会『介護保険制度をめぐる状況について（資料3）』2019年2月25日53頁より

（4）介護保険証交付と介護保険料

　市町村における介護保険の業務として、「保険料徴収」という事務も重要です。基本的に65歳以上の被保険者の介護保険料は、年金から天引きとなりますが、これを「特別徴収」といいます。

　しかし、年間の年金給付額が18万円未満の場合は、保険料を保険者である市町村に直に納付してもらいます。その意味では市町村が保険料を徴収する業務となります。もし、介護保険料を滞納することになりますと、ペナルティとなり介護保険サービスが利用しにくくなります。なお、市町村は介護保険証を交付する事務も担っているため、こ

れらの交付事務も掌ります。また、要支援・要介護の認定を受けている方全員に、利用者負担割合（1～3割）を記載した「介護保険負担割合証」も交付します。

　そもそも、介護保険の財政構成は、利用者の自己負担を除けば、約50％が税金で、残り50％は介護保険料から賄われています。そのうち税金負担分は25％が国で、12.5％ずつが都道府県と市区町村の負担です（施設の場合は、都道府県負担分が17.5％）。また、介護保険料の負担割合は、65歳以上である第1号被保険者分が23％、40歳以上65歳未満の第2号被保険者が27％となっています（図1-2）。

　このように介護保険は、「社会保険」とはいえ約半分は税金によって賄われており、純粋な保険制度とはいえないかもしれません。しかし、いずれにしても、年々、介護保険財政は伸び続けており、国や自治体においては大きな負担となっています。今後の保険料や公費の行方に注目する必要があります。

　65歳以上の介護保険料の決定は、市町村が策定する介護保険事業計画に基づきますので、後章で説明することとします。

図1-2　介護保険財政の仕組み

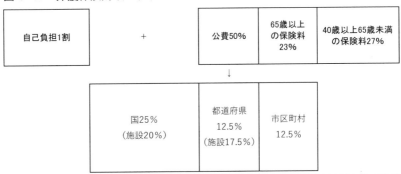

筆者オリジナルで作成

5　地域包括支援センター

（1）相談窓口

　既述の「地域包括支援センター」は、在宅介護の拠点となる相談機関ということを忘れてはなりません。高齢者の諸問題や介護案件などについても無料で対応してくれます。

　「介護が必要となった！」「何か不安なことが生じた！」「施設の選び方はどうすればよいか？」など些細なことでも、なんでも相談にのってくれるので、気軽に活用するべきです。地域によっては「高齢者相談センター」「あんしんケアセンター」など、その自治体が独自のネーミングを設けているケースも少なくありません。

　これらは介護保険サービス以外にも、介護予防や認知症対応、金銭管理が難しいケースにおいては成年後見人制度への橋渡し役など、多々、高齢者問題に応じた支援も行います。また、「家族介護者の集い」を主宰するなど、地域の要としての役割も果たしています。同じ悩みを抱えた家族介護者同士が、「介護疲れの共有」「悩み事の分かち合い」「情報交換」をするなど、日々の介護生活を抱えている家族にとって大きなメリットとなる機会になると思います。地域包括支援センターの詳しい内容は、後章で解説します。

（2）委託運営

　この地域包括支援センターを管轄・運営しているのが、市町村の高齢者福祉関連部署です。確かに、市町村が直営で地域包括支援センター

を運営している自治体もあります。その場合は、公務員として社会福祉士、保健師、主任ケアマネジャーとして役所内で専門職が配属されます。

　しかし、このような市町村直営の事例は少なく、多くは市町村が社会福祉法人や医療法人などに運営を委託しているケースが多いようです。そのため、その委託運営の事務が大きな市町村の役割となっています。

6　介護サービス事業者の業務管理体制

　主に介護保険関連部署において、民間介護事業所との関わりが重要となります。具体的には、介護サービス事業所の許認可・事業者指定（届け出）・監査・指導などの事務が役所にあるということです。これらの事務は「業務管理体制」と位置づけられます。そして、その権限は、都道府県、政令指定都市、市町村といったように分かれていますので、自分の配属されている場の機能・役割を踏まえておくべきです。

　簡単に解説すると介護保険のサービスは、在宅サービスと、施設サービスの2つに分かれます。施設系サービス事業は、社会福祉法人などの特定法人もしくは地方公共団体のみしか運営できません。その設置許可や監査などを行う事務を意味します。これらの詳細は、後章で述べたいと思います。

7　苦情対応

（1）市民の話を聞く

　高齢者福祉・介護保険関連部署としての業務として、住民からの苦情対応も重要な業務の1つです。介護サービスなどを利用している市民が、介護事業所の相談に役所を訪ねることは多々あります。これら苦情に耳を貸すことも重要な役割といえるでしょう。なお、介護保険サービスにおける苦情窓口としては、各都道府県の国保連合会でも受けつけていますので、併せてその機能も認識しておくとよいでしょう。

（2）審査請求と行政手続法

　例えば、介護施設の入所に関することやサービスが使えるか否か？、要介護認定の結果、保険料の決定など、役所が下した決定に不服がある場合は、しかるべき手続きで対応できることを、改めて認識しておくべきでしょう。これらの方法としては他部署と同様に、①審査請求（上級の役所に対して、当該役所の決定はおかしいと述べる）、②異議申立て（上級の役所がない場合は、その役所に意見を言う）、③再審査請求（審査請求をして、その決定に納得がいかない場合）といった3種類の手続きがあります。その根拠法は「行政不服審査法」です。

　また、介護事業には「行政手続法」という仕組みがありますので、①許認可等の申請に対する処理の手続き、②営業免許の停止や取消しといった処分の手続き、③行政指導の手続きの3つがポイントとなるでしょう。高齢者福祉・介護保険関連部署に関しては、介護施設など

の開設の許認可等で事業所側に不服があれば、行政手続法に即して対処できるかもしれません。また、事業所が過剰な指導に対して、何らかの対応を求められるかもしれません。

8　公務員削減の現状の中で

　バブル崩壊後、民間委託路線も相まって都道府県及び市町村職員数は1994年約328万人でしたが、2018年には約273万人と減少しています。特に政府は、2005年6月「骨太の方針」の中で、公務員の総人件費削減・定員の純減目標を打ち上げ、これらの施策に拍車をかけています。

　確かに、少子化による公立学校教職員の減少や競争原理による民間部門のメリットに期待するなど、一定の行革路線は理解できます。しかし、昨今、福祉ニーズが多様化する中で民間部門では対応困難で、公的部門である福祉系専門職の大幅増員は避けられないはずです。

　例えば、児童相談所における虐待相談件数は、1999年は年間約1.1万件でしたが、2015年は約10万件と約9倍に膨れ上がっています。しかし、公務員である全国の児童福祉司は1996年の1,230人が2015年の2,935人と、僅か2.5倍にしか増員されていません。

　限られた職員数ではきめ細かなケース対応は難しく、一部、大幅増員できない公務員の組織的問題が根底にあると考えられます。他にも生活保護ケースワーカーといった職員数も、従来に比べれば増員にはなっていますが、急増する低所得者及び子供の貧困問題には不十分であるでしょう。

　また、保育士及び介護職員不足が深刻化しているものの、これら公立施設の専門職採用の競争率は最低でも2倍以上と狭き門です。仮に、公務員の保育士や介護職員といった自治体直営の福祉施設であれば、必ずしも人手不足とはなっていないかもしれません。

　長年、公務員人権費削減が良識といわれてきましたが、福祉的視点

から考えなおす時期がきているのではないでしょうか。その意味でも、限られた人員の中で高齢者福祉・介護保険関連部署に配属されると、かなり多忙な業務になるかもしれませんが、市民の声を大切にしながら、併せて民間介護事業所と一緒に協力していくことが重要と考えられます。

9　家族・地域機能の希薄化

　現在、家族形態は大きく変わり、高齢者世帯は独居もしくは老夫婦世帯が増え、家族扶助機能の限界が見えはじめています。また、家族扶助の大きな担い手であった「女性」の社会進出が進展していくことで「共働き世帯」は珍しいことではなくなり、家族の機能が大きく変わっています。

　一方、個人の地域社会に対する関わり方も希薄化しています。かつては近所付き合いを重要視することは常識でしたが、昨今は「あいさつをしない」「隣の人と話さない」といった、人間関係の希薄さが目立ちます。地域のネットワークに入ろうとしない人たちも増えはじめ、個人の価値観の変化によって「互助組織」「地域力」の減退が顕著となっているのではないでしょうか。

　2055年には高齢化率が40％を超える数字が示されていることから、さらに「家族」「地域」といったインフォーマルなサービス供給形態に限界が見られることとなるでしょう。

　つまり、社会構造や産業構造の変遷を見極めると、さらに公務員の役割が求められると考えられます。

参考文献

・経済産業省『通商白書』（各年版）

・国土交通省『国土交通白書』（各年版）

・厚生労働省『全国介護保険担当課長会議資料』

・厚生労働省老健局『介護事業経営実態調査各年版』

・厚生労働省『介護給付費実態調査結果の概況各年版』

・財政制度等審議会財政制度分科会提出資料（平成29年10月25日）

・地域包括ケア研究会『地域包括ケア研究会報告書〜今後の検討のための論
　点整理〜』三菱UFJリサーチ＆コンサルティング株式会社2009年5月22日

・内閣府『経済財政白書』（各年版）

・内閣府『国民生活白書』（各年版）

・内閣府『男女共同参画白書』（各年版）

・内閣府『子ども・子育て白書』（各年版）

・内閣府『子ども・若者白書』（各年版）

・山谷清志『政策評価の理論とその展開』晃洋書房1997年

第2章

介護保険①
認定業務、事業計画、
保険料など

1 介護保険者の役割と業務

（1）介護保険と市町村

　介護保険制度は、年をとったときに、心身の機能が衰えたり、病気やけがをして身体が不自由になったり、あるいは認知症を発症したりして、介護や支援が必要になった場合に、一定の自己負担で介護事業者からサービスを受けることができる制度です。

　「介護を社会全体で支える仕組み」をつくることにより、介護不安を解消して、安心して生活できる社会をつくるとともに、家族等の介護者の負担軽減を図るため、1997年に介護保険法が制定され、2000年から施行されました。

　本章では、前章で展開した介護保険制度の基本的枠組みを前提に、保険者である市町村に焦点を当てて、制度全体のなかで担っている役割と業務について概観し、市町村の介護保険課で担当している業務のうち、「要介護認定」「介護保険事業計画」「介護保険料」について概要を述べていきます。

（2）介護保険制度の概要

ア　制度運営の基本的な考え方

　介護保険法第2条には介護保険制度運営に当たっての基本方針が示されています。

　介護保険制度では、被保険者が「要介護状態」または「要支援状態」である場合を保険給付の対象とし、その状態の軽減または悪化の防止

を保険給付の目的としています。

　そして、「利用者本位」と「自立支援」を保険給付の基本的な考え方としています。

　これらは、国や都道府県等における制度運営、市町村による保険運営、事業者による介護サービス等提供など、あらゆる場面における介護保険制度の基本的な考え方です。

【利用者本位とは】

　保険給付においては、利用者の選択に基づき、その希望を尊重して、多様な事業主体から必要なサービスを総合的・一体的に受けられる、利用者本位の制度とするよう配慮されていることです。そのために、ケアマネジメント手法の導入や、措置制度から利用者とサービス事業者との契約へと介護サービスの利用手続きが変更されました。

【自立支援とは】

　介護や支援を要する状態になっても、その有する能力に応じて、自らの意思に基づき自立した質の高い日常生活を送ることができるよう、保険給付の内容と水準が配慮されていることです。

イ　保険給付の内容

　介護保険で受けられる保険給付は、要介護の人への「介護給付」、要支援の人への「予防給付」、市町村が独自に条例で定める「市町村特別給付」の3種類があります。

　また、保険給付のサービスは、居宅サービス、施設サービス、地域密着型サービスに区分されます。地域密着型サービスは地域生活の継続を支援するサービスで、小規模施設や柔軟な対応を行うサービスがこの類型に整理されており、原則として利用者はその市町村の住民に

表２−１　サービス等の種類

	介護給付を行うサービス	予防給付を行うサービス
都道府県が指定・監督を行うサービス	◎**居宅サービス** 【訪問サービス】 ○訪問介護（ホームヘルプサービス） ○訪問入浴介護　○訪問看護 ○訪問リハビリテーション ○居宅療養管理指導 【通所サービス】 ○通所介護（デイサービス） ○通所リハビリテーション 【短期入所サービス】 ○短期入所生活介護（ショートスティ） ○短期入所療養介護 【その他】 ○特定施設入居者生活介護 ○福祉用具貸与 ○特定福祉用具販売 ◎**施設サービス** ○介護老人福祉施設　○介護老人保健施設 ○介護療養型医療施設　○介護医療院	◎**介護予防サービス** 【訪問サービス】 ○介護予防訪問入浴介護 ○介護予防訪問看護 ○介護予防訪問リハビリテーション ○介護予防居宅療養管理指導 【通所サービス】 ○介護予防通所リハビリテーション 【短期入所サービス】 ○介護予防短期入所生活介護 ○介護予防短期入所療養介護 【その他】 ○介護予防特定施設入居者生活介護 ○介護予防福祉用具貸与 ○特定介護予防福祉用具販売
市町村が指定・監督を行うサービス	◎**居宅介護支援** ◎**地域密着型サービス** ○定期巡回・随時対応型訪問介護看護 ○小規模多機能型居宅介護 ○看護小規模多機能型居宅介護 ○夜間対応型訪問介護 ○地域密着型通所介護 ○認知症対応型通所介護 ○認知症対応型共同生活介護（グループホーム） ○地域密着型特定施設入居者生活介護 ○地域密着型介護老人福祉施設入所者生活介護	◎**介護予防支援** ◎**地域密着型介護予防サービス** ○介護予防小規模多機能型居宅介護 ○介護予防認知症対応型通所介護 ○介護予防認知症対応型共同生活介護（グループホーム）

注　この他、居宅サービス（介護予防サービス）、住宅改修、介護予防・日常生活支援総合事業がある。
出典：厚生労働統計協会編『国民の福祉と介護の動向2020/2021』2020年153頁を一部改変

限られています。

　居宅サービス及び施設サービスが都道府県知事（指定都市および中核市の長を含む）による指定・指導監督であるのに対し、地域密着型サービス及び居宅介護支援は、市町村長が指定・指導監督を行います。

　保険給付のサービス等を一覧で示すと、表2‐1のとおりです。

（3）介護保険制度における国・都道府県の責務と役割

　市町村は保険者として介護保険を運営し、国と都道府県は介護保険事業が健全かつ円滑に行われるように、市町村を重層的に支えていくこととされています。介護保険制度における国と都道府県の役割を確認します。

ア　国の主な役割は介護保険制度の枠組み設定

　国の責務は、介護保険制度に基づくサービスの提供体制を確保するための施策の実施、その他必要な措置を講ずることとされ、そのための国の主な役割は次のとおりです。

　○介護保険制度の枠組設定

　　…法令の制定、要介護認定や保険給付の基準設定、介護報酬単価の設定等

　○サービス基盤整備の推進

　　…サービス基盤整備のための基本指針（市町村介護保険事業計画及び都道府県介護保険事業支援計画の策定におけるガイドライン）の作成、財政措置等

　○保険給付等に対する財政負担

　　…介護給付費への国庫負担、財政安定化基金（保険財政の赤字を

　　　一時的に補填するための資金の交付・貸付を目的に都道府県に
　　　設置）への財政負担
　○保険者、事業者や施設等に対する支援・指導監督
　　…保険者である市町村への支援・指導、事業者等への行政上の指
　　　導・監督・助言等

イ　都道府県の主な役割は市町村への支援と広域的な調整

　都道府県の責務は、その地域内の市町村を包括する広域的な地方公
共団体として、介護保険事業の運営が健全かつ円滑に行われるよう、
市町村に対し必要な助言や適切な援助を行うこととされ、そのための
都道府県の主な役割は次のとおりです。
　○市町村に対する支援
　　…市町村への必要な助言や適切な援助、介護認定審査会の共同設
　　　置等の支援等
　○事業者、介護保険施設の指定・指導等
　　…介護保険サービス提供事業者や介護保険施設の指定、指導等
　○保険給付等に対する財政支援
　　…介護給付費への都道府県負担、財政安定化基金の設置・運営等
　○人材育成
　　…介護支援専門員の養成・研修・登録等
　○その他広域的な調整
　　…介護保険事業支援計画の策定、介護保険審査会（要介護等の認
　　　定など市町村保険者が行った行政処分に対する不服申立ての
　　　審査・採決を行う機関）の設置・運営等

（4）保険者としての市町村の業務

　市町村は、保険者として介護保険制度の運営主体としての役割を担います。

　保険者としての市町村の主な業務は表2-2のとおりです。具体的に挙げると、制度要件を満たす住民を被保険者として強制加入させ、保険料徴収等の被保険者管理を行い、また、介護保険に関する特別会計を設け、保険料収入や国・都道府県からの負担金等を財源に保険財政の運営を行います。そして被保険者の要介護や要支援状態という保険事故に対し保険給付を行うとともに、適切にサービスが提供されるよう中長期的な観点から介護保険事業計画を策定しサービス基盤の整備を推進します。

　これらの業務は、単独の課でまとめて分掌するほか、複数の課で分担して分掌する場合もあります。市町村各課の事務分掌は行政組織規則やホームページで確認できます。

表2-2　保険者（市町村）の主な業務

業　務	概　　要
被保険者の資格管理	住所と年齢により被保険者資格の取得と喪失を管理
保険料の賦課と徴収	条例に基づき第1号被保険者への保険料を賦課・徴収
要介護認定	認定申請により、要介護等への該当の有無と程度を認定
事業者の指定と指導監督	地域密着型サービス提供事業者等の指定と指導監督
保険給付	要介護等と認定された被保険者への保険給付の実施
地域支援事業の実施	地域包括支援センターの設置運営、介護予防事業の実施等
介護保険事業計画策定等	介護保険事業計画の策定、進捗管理
会計等に関する事務	特別会計の設置、管理

2 要介護認定事務

（1）要介護認定とは

　第1章でも触れましたが、要介護認定は介護保険で初めて取り入れられた仕組みで、要介護度、すなわち介護の必要な程度が判定されることにより、より必要性の高い人に重点的に給付がされることになります。また、全国統一の客観的な基準に基づいて行われるので、より公平に給付が行われることとなり社会保険である介護保険制度の公平性が担保されます。

　要介護度は、介護の程度に応じて要介護1から5までの5段階に分かれており、要介護5が最も重度な状態です。また、要介護の状態となる恐れがある状態である「要支援」については、要支援1と2に分かれており、要支援2がより支援の必要な状態です。

（2）要介護認定の流れ

　要介護認定の手続きは、図2-1「要介護認定の流れ」のとおりですが、順を追って説明していきます。

ア　申請

　要介護認定の申請は、申請書に被保険者証を添付して市町村に対して行います。この申請は、被保険者本人に加えて、家族・親族等、民生委員・介護相談員等、成年後見人が代理で行うことができます。また、地域包括支援センター等が代行することも可能です。

イ　認定調査員等による心身の状況に関する調査（訪問調査）等の実施

　申請を受けた市町村は、職員に被保険者宅等を訪問させて、心身の状況や置かれている環境等について調査を行います。調査は定められた認定調査票に基づき、被保険者を取り巻く環境等に関する「概況調査」、日常生活動作能力や精神的な状況などに関する74項目で構成される「基本調査」、調査員が記載する「特記事項」について行われます。

　併せて市町村は、認定申請書に記載された主治医に対して「主治医意見書」の作成を依頼します。主治医意見書は、心身の障害の原因である疾病または負傷の状況等について意見を求めるものです。なお、主治医がいない場合には、市町村が指定する医師又は市町村職員である医師により対応します。

ウ　審査・判定（一次判定・二次判定）

　判定は一次判定と二次判定の二段階で行われます。

　一次判定では、訪問調査「基本調査」の結果をコンピュータ処理することにより、要介護状態に該当するかどうか、該当する場合の要介護度を推測します。

　二次判定では、専門家で構成される介護認定審査会が、一次判定の結果をもとにして、主治医意見書及び認定調査票の「特記事項」を参考にしながら要支援状態あるいは要介護状態かどうかを審査し、それぞれの区分も判定します。第2号被保険者については、その状態が特定疾病によるものかどうかも判定します。

エ　被保険者への通知等

　市町村は、介護認定審査会の審査・判定に基づき要介護認定を

行ったときは、その結果を被保険者に通知します。要介護認定の効
力は申請日にさかのぼって生じるので、申請後認定日までの間につ
いて、暫定的に介護保険のサービスを受けることができます。ただ
し、要介護認定の結果が「自立」とされた場合には、利用したサー
ビスは全額自己負担となります。

　市町村は、要介護認定の申請を受けてから30日以内に認定を行う
こととされていますが、調査に日時を要する等特別の理由があると
きは、上記期間内に、見込期間と理由を被保険者に通知し延期する
ことができます。

図2-1　要介護認定の流れ

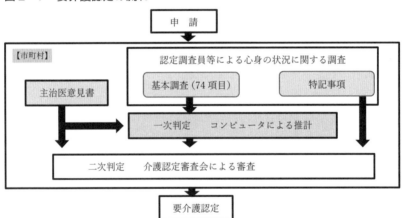

出典：厚生労働省「全国介護保険担当課長会議資料」

（3）認定有効期間

　新規申請に対する認定の有効期間は原則として6か月間ですが、介
護認定審査会の意見に基づき市町村が必要と認める場合は、3か月か
ら12か月の範囲内で有効期間の短縮または延長ができます。更新申請

に対する認定の有効期間は原則として12か月ですが、同様に３か月から48か月の範囲内で短縮または延長ができます（表２-３）。

表２-３　要介護認定の認定有効期間

申請区分等	原則の認定有効期間	設定可能な認定有効期間の範囲
新規申請	6か月	3か月〜12か月
区分変更申請	6か月	3か月〜12か月
更新申請	12か月	3か月〜48か月 （※）

※令和３年４月から、更新申請の設定可能な有効期間の範囲上限を36か月から48か月に改正

出典：厚生労働省『全国介護保険担当課長会議資料』を一部改変

　要介護（要支援）認定を受けている人数は、介護保険制度が開始された2000年４月末時点で218万人であったものが2019年４月末には659万人と大きな伸びを示しています。認定件数の増加により申請から認定までの平均期間が長期化傾向にあり、2019年度は38.5日と長くなっています。

　認定調査の遅れは利用者にも事業者にも影響を与えるものであり、円滑に認定を進めるため、保険者の業務簡素化の観点から、更新時の設定可能な認定有効期間の範囲上限が延長されています。

3　介護保険事業計画の策定

（1）介護保険事業計画とは

　介護保険制度は、40歳以上の国民に介護保険料という費用負担を求める社会保険方式の導入により、被保険者が加齢に伴い要介護・要支援の状態に陥った際には、必要な介護サービスを受けられるようにする制度です。

　保険者は必要となる介護サービスの量を見込み、地域の実情に応じて円滑にサービスを提供できるよう、その体制を整備することが不可欠です。人口の高齢化がますます進展する状況においては、各地域において、サービス提供体制の確保・充実を計画的に図ることが重要です。

　そこで介護保険法では、3年を1期として、市町村に「介護保険事業計画」の策定を義務付け、計画期間の各年度の介護サービスの見込量とその確保方策等を定め、介護給付等に要する費用を算定することで第1号被保険者の保険料も設定します。また都道府県には市町村の介護保険事業を支援するため「介護保険事業支援計画」の策定を義務付け、市町村域を越えて広域的な施設整備の調整を行い、適正な施設数を確保することとしています。

　つまり、介護保険事業計画及び介護保険事業支援計画の策定により、高齢者介護サービスの量的充足を可能とするサービス供給体制づくり、すなわち介護サービス基盤整備の推進が明確化されているといえます。

　ここでは、市町村の介護保険事業計画策定を中心に述べていきます。

（2）介護保険事業計画で定める内容

ア　基本指針は計画策定のガイドライン

　介護保険法では、介護保険事業における保険給付の円滑な実施が確保されるよう国が基本指針を定め（第116条）、この基本指針に即して、市町村は市町村介護保険事業計画（第117条）を、都道府県は都道府県介護保険事業支援計画（第118条）をそれぞれ策定することを規定しています。つまり基本指針は、市町村や都道府県が策定するこれらの計画のガイドラインとしての機能をもっています。

　2021（令和3）年1月に改正された基本指針は、第8期（令和3年度から5年度）以降の介護保険事業計画等策定のための基本的事項が定められています。

　基本指針では、高齢者が可能な限り住み慣れた地域で、その有する能力に応じ自立した日常生活を営むことを可能としていくため、医療、介護、介護予防、住まい及び自立した日常生活の支援が包括的に確保される体制である「地域包括ケアシステム」の構築を、各地域の実情に応じて深化・推進していくことが重要であるとしています。

　その上で、いわゆる団塊の世代全てが75歳以上となる2025年、さらに団塊ジュニア世代が65歳以上となる2040年を見据えると、総人口・現役世代人口が減少する中で、高齢者人口がピークを迎え、また高齢単独世帯の増加や、認知症の人の増加などが見込まれることから、高齢者介護を支える人的基盤の確保が重要であるとしています。

　基本指針には、こうした状況を踏まえ市町村等が行う介護保険事業計画の策定とその計画的実施が図られることを目的として、主に以下の事項が示されています。

　○地域包括ケアシステム構築の推進とサービス提供体制の確保に

関する基本的事項

○介護サービス量を見込むに当たり参酌する標準

○その他、計画作成や保険給付の円滑な実施に必要な事項

イ　計画への記載事項等

【市町村介護保険事業計画】

　市町村は、高齢者の日常生活圏域として、地域包括システムを構築する区域を念頭に置き、例えば中学校区単位など地域の実情に応じて区域を定め、その区域ごとに要介護者等の現状やサービスの個別需要を把握します。また被保険者の意見を反映させるための措置を講じた上で、以下の事項を内容とする市町村介護保険事業計画を策定します。

　　○各年度の地域密着型施設等の必要利用定員総数（区域ごと）

　　　※対象：認知症対応型共同生活介護、地域密着型特定施設入居者

　　　　　　　生活介護、地域密着型介護老人福祉施設入所者生活介護

　　○各年度のその他介護給付等対象サービス量の見込み（区域ごと）

　　○各年度の地域支援事業の量の見込み

　　○介護予防・重度化防止等の取組内容及び目標

　　○介護給付等サービス見込量確保のための方策や地域支援事業の

　　　費用

　　○保険給付に要する費用の額や水準に関する中長期的な推計

　　○その他の事項

【都道府県介護保険事業支援計画】

　都道府県は、老人福祉圏域として、サービスの種類ごとの量の見込みを定める単位となる区域を定め、市町村の計画を踏まえ、介護サービス基盤整備の市町村間の調整を行いながら、以下の事項を内容とする都道府県介護保険事業支援計画を策定します。

○各年度の介護保険施設等の必要利用定員総数（区域ごと）

　※対象：介護専用型特定施設入居者生活介護、地域密着型特定施
　　　　　設入居者生活介護、地域密着型介護老人福祉施設入所者
　　　　　生活介護、介護保険施設

○各年度のその他介護給付等対象サービス量の見込み（区域ごと）

○市町村が行う介護予防・重度化防止等への支援内容及び目標

○介護サービス情報の公表

○介護支援専門員など人材確保、資質向上のための事業

○その他の事項

ウ　老人福祉計画と一体のものとして作成

　介護保険法は、市町村介護保険事業計画は市町村老人福祉計画と、都道府県介護保険事業支援計画は都道府県老人福祉計画と、それぞれ一体のものとして作成するよう規定しています。老人福祉計画は、老人福祉法により作成が義務付けられている計画で、市町村老人福祉計画では、確保すべき老人福祉事業の量の目標とその確保方策などを定めます。また都道府県老人福祉計画では、老人福祉圏域ごとに、養護老人ホーム及び特別養護老人ホームの必要入所定員数、その他老人福祉事業の量の目標を定めるとともに、その従事者の確保と資質向上のための措置などを定めます。

（3）計画策定に関する留意点

　人口構造や社会資源の状況、住民のサービス利用の意向など地域の状況は様々であり、それぞれの地域で、地域の実情に応じた介護保険事業の運営及び地域包括ケアシステムを構築することが必要です。市

町村は、介護保険事業計画の策定に際し幅広い関係者の協力・参加を得て、地域の現状や課題、強みなどを十分に把握し、目指すべき方向性や達成すべき目標を共有して計画を策定し、連携してその推進に取り組んでいくことが重要です。

　計画策定に関する留意点として、「地域の実情把握」と「計画策定の体制整備」を挙げておきます。

ア　要介護者等地域の実情把握

　市町村は、現状の人口構造や介護予防の実施状況等を踏まえ、計画期間中の各年度及び将来的な被保険者数、要介護者数等を見込みます。さらに要介護認定や一人当たりの介護給付状況、施設サービスと居宅サービスの割合など介護保険事業の実態を分析し、保険給付等の動向やその特徴の把握に努めます。

　また、被保険者のサービス利用に関する意向、心身の状況や世帯・地域の環境等の実態に関する調査を実施し、被保険者の意向や状況を把握することが重要です。さらに地域ケア会議における個別事例の検討など、支援の積み重ねを通じて明らかにされた地域課題等を計画策定に反映させていくことが、地域の実情に応じた計画に繋がります。

イ　計画策定の体制整備

　計画の策定にあたっては、関係する部門・機関における組織的な合意形成と共通理解を得るため、市町村は計画に関わる機関・部門との「話し合いの場」を設定することが重要です。

　公聴会や地域懇談会の開催など被保険者の意見を反映させるための措置を講じるとともに、市町村関係部局相互の連携を図るために庁内検討会の設置や、学識経験者、保健・医療・福祉の関係者、サービス

利用者など幅広い者で構成される計画作成委員会を設置して話し合いの場を設け、意見を集約させることが重要です。

　繰り返しになりますが、計画策定に住民や幅広い関係者の参画を得て、地域の特性や課題、目指すべき方向性やその具体的な実現方法などを共有することは、策定に携わったメンバー・組織それぞれの計画推進に対する意識を高めることに繋がります。つまり計画策定の過程そのものを大切にしていくことが計画の実効性を高めるために重要となっています。

4　介護保険料とは

（1）費用負担の仕組み

　介護給付に必要な費用は、サービス利用時の利用者負担を除く給付費の50％が公費（税金）で、残りの50％が第1号被保険者と第2号被保険者の保険料で賄われます。第1号被保険者と第2号被保険者の負担割合は、3年間の計画期間ごとに全国ベースの人口比で定められ、2021（令和3）〜2023（令和5）年度の負担割合は、第1号被保険者23％と第2号被保険者27％となっています。高齢者自身も被保険者となり、保険料を負担することにより、現役世代とともに制度を支えていく担い手として位置づけられています。

（2）保険料の算定

　第1号被保険者の保険料は、市町村ごとに介護サービス量などに応じた定額保険料が設定されます。保険料の水準は、3年ごとに策定される市町村介護保険事業計画において算定したサービス費用見込額等に基づき、介護保険財政の均衡を保つことができるよう設定されます。
　第1号被保険者の保険料は、被保険者の負担能力に応じて9段階に設定され、第5段階を市町村の平均的な保険料（基準額）として、それより所得の低い場合は基準額より低い段階に引き下げ、高い場合は高い段階に引き上げられます。具体的には、次のとおり算定して得た保険料基準額を基に、所得状況に応じ段階的に設定されています（図2-2）。

図2-2　保険料基準額の算定

$$\text{保険料基準額（年額）}=\frac{\text{（サービス費用見込額等）}\times\text{（第1号被保険者負担割合23\%）}}{\text{（予定保険収納率）}\times\text{（補正第1号被保険者数※）}}$$

※所得段階別の第1号被保険者見込数に、所得段階別の基準額に対する割合を乗じて得た数を合算したもの。

　なお市町村は、第2号被保険者からは保険料を徴収しません。第2号被保険者の保険料は、医療保険者が医療保険料と合わせて徴収し、各医療保険者から報酬額に応じて介護納付金として社会保険診療報酬支払基金に納められます。基金は集めた納付金を各市町村に一定割合で交付します。

（3）第1号被保険者の保険料推移

　介護保険利用者数の増加に伴い、介護保険に係る総費用も大きく伸びています。介護保険に係る総費用（実績）は、2000年度の3.6兆円が、2017年度では10.2兆円と2倍以上の伸びとなっています。

　これに伴い第1号被保険者の保険料も、第1期（2000～2002年度）の全国平均月額2,911円から、第7期（2018～2020年度）の全国平均月額5,869円と、約2倍の伸びとなっています（表2-4）。さらに、第8期（2021～2023年度）は、6,014円と、第7期に比べ2.5%増となりました。

表2-4　第1号被保険者1人当たりの月額保険料（全国平均）

	月額保険料（円）	伸び率（%）
第1期（2000〜2002年度）	2,911	
第2期（2003〜2005年度）	3,293	13.1
第3期（2006〜2008年度）	4,090	24.2
第4期（2009〜2011年度）	4,160	1.7
第5期（2012〜2014年度）	4,972	19.5
第6期（2015〜2017年度）	5,514	10.9
第7期（2018〜2020年度）	5,869	6.4
第8期（2021〜2023年度）	6,014	2.5

出典：第1期〜第7期は厚生労働統計協会『国民の福祉と介護の動向　2020/2021』
　　　2020年、161頁
　　　第8期は厚生労働省資料

5　2040年に向けて

　高齢者人口がピークを迎える2040年に向けて、日本の高齢化は今後も進行していくと推計されています。医療や介護に対する需要が増えていくことが見込まれる一方、現役世代人口の急減という労働力の制約が強まる中で、サービスの提供に要する費用の確保だけではなく、医療・介護のサービス自体をどう確保していくのかという大きな問題が顕在化しています。

　誰もが安心して高齢期を暮らせるよう、今後も介護保険制度を維持し、必要な人に必要とするサービスを提供していくためには計画的な対応が必要であり、介護保険事業計画の重要性が増しています。大切なことは、住民をはじめ多様な関係者の参画を得て、地域の実情に応じた計画を策定し、推進していくことです。市町村にはそのような計画づくりが求められると考えられます。

参考文献

・厚生労働省『全国介護保険担当課長会議資料』

・厚生労働省老健局『公的介護保険制度の現状と今後の役割』平成30年度

・厚生労働統計協会『国民の福祉と介護の動向　2020/2021』2020年

・下山昭夫『高齢者福祉サービス論』学文社2011年

・星旦二・麻原きよみ編『これからの保健医療福祉行政論　第2版』日本看護協会出版会2014年

・増田雅暢『逐条解説介護保険法　2016改訂版』法研2016年

前例を知ることから!

　公務員に異動はつきものですが、初めての事務に就くのは誰でも不安です。異動したてでも仕事は待ってくれないため、1日も早く仕事を覚えたいと思います。私が必ず異動時に行っていたのは、担当事務に関する前年度の起案文書などを順番に読んで、疑問点やポイントをピックアップしながら、年間スケジュールを作成することです。これによって、担当事務のイメージが具体化するとともに、全体の流れを掴むことができました。

　介護保険事業計画策定のように数年ごとに実施する事務の場合は、まず、前回策定時における事務の流れを掴むことが大切だと思います。具体的には、庁内・庁外の検討組織設置の考え方、検討組織での検討事項やスケジュール、公聴会やパブリックコメントの時期、計画決定までの意思決定のタイミング等を確認します。そしてその中で、問題点や改善事項はないかを考え、計画策定の体制整備やスケジュールを検討していくことは、効率的で効果的だと思います。

　前例踏襲では?と感じるかもしれません。確かに、前例踏襲は過去の成功例を参考にすることから、失敗のリスク低下やコスト抑制に繋がるというメリットがある反面、状況や環境の変化等に対応しないまま漫然と踏襲すると、機能しないというデメリットがあります。単なる前例踏襲ではなく、前例の良い点や問題点、状況変化等を踏まえて改善を加えていく、PDCAサイクルを回していくのだと思います。

第3章

介護保険②
事業者の指定、
実地指導、監査など

1 介護保険事業の指定

　介護保険制度が実施される以前の福祉サービスの提供は、非営利の社会福祉法人や社会福祉協議会などに限られていました。しかし、介護保険制度の実施にあたって、高齢者や家族に対しニーズに応じた多様で良質な介護サービスが十分に提供されるよう多様な事業主体の参加を求め、市場における適切な競争を通じて、サービスの供給量の拡大と質の向上が図られる必要があるとされ、民間事業者やNPOなどによってサービスが提供されることとなりました。

　こうした事業者が介護給付の対象となる介護サービスを提供するにあたり、都道府県等がその指定をすることとされています。以下で、介護保険の適用を受ける介護サービスを提供する事業者の指定について、居宅サービス、地域密着型サービス及び施設サービスに分類して見ていきます。

　なお、都道府県等は以下の指定事務を処理するために規則等を制定しています。事務の遂行にあたっては、介護保険関係法規、各団体の介護保険関係例規を確認することが必要です。これまでの指定にあたって使用された各種文書を充分に検討したり、マニュアル等が整備されているケースも多いと考えられるので、それらと例規等と照らし合わせながら事務を遂行することが必要です。

（1）居宅サービス等

　居宅サービス（介護予防サービス）は、原則として都道府県知事の指定を受けた事業者が行います。事業所の所在地が政令指定都市また

は中核市である場合は、当該市長が指定を行います。

　なお、指定するためには、①原則として申請者が法人であること、②人員基準を満たしていること、③設備及び運営に関する基準に従って適正な事業の運営をすることができること、④各種欠格事由に該当しないことが要件とされています。

　指定事業者は、6年ごとに指定の更新を受けなければ指定の効力を失うこととされているため、更新事務についてもその手続きを確認する必要があります。

　そして、都道府県知事等は当該介護サービスの提供に関して必要があると認めるときは、サービス事業者等に対して報告を求めたり、立入検査をすることができるとされています。また、指定の際に付した条件等に従わない事業者等に対し、是正勧告や命令をすることができるとされています。

表3-1　居宅サービス種類別一覧

①訪問介護	⑦通所リハビリ
②訪問入浴介護	⑧短期入所生活介護
③訪問看護	⑨短期入所療養介護
④訪問リハビリ	⑩特定施設入居者生活介護
⑤居宅療養管理指導	⑪福祉用具貸与
⑥通所介護	⑫特定福祉用具販売

（2）地域密着型サービス等

　地域密着型サービス（地域密着型予防サービス）は、市町村長の指定を受けた事業者が行います。市町村長はこの指定をしようとするときは、あらかじめその旨を都道府県知事に届け出なければならないとされています。

　なお、指定するためには、①原則として申請者が法人であること、②人員基準を満たしていること、③設備及び運営に関する基準に従って適正な事業の運営をすることができること、④事業所が市町村の区域外にある場合、その市町村長の同意を得ていること、⑤各種欠格事由に該当しないことが要件とされています。

　また、認知症対応型共同生活介護事業、地域密着型特定施設入居者生活介護事業及び地域密着型介護老人福祉施設入所者生活介護については、市町村ごとに必要整備量を計画に定め、これを超える等の場合には市町村は指定を拒否することができるとされています。

　市町村は、地域密着型サービスの適正な運営を確保するため、原則として地域密着型サービス運営委員会を設置することとされており、事業者の指定等を行うときに市町村長に対して意見を述べることとされています。

　指定事業者は、6年ごとに指定の更新を受けなければ指定の効力を失うこととされているため、更新事務についてもその手続きを確認する必要があります。

　そして、都道府県知事等は当該介護サービスの提供に関して必要があると認めるときは、サービス事業者等に対して報告を求めたり、立入検査をすることができるとされています。また、指定の際に付した

表3-2　サービス種類別一覧

①指定定期巡回・随時対応型訪問介護看護	⑥指定認知症対応型共同生活介護
②指定夜間対応型訪問介護	⑦指定地域密着型特定施設入居者生活介護
③指定地域密着型通所介護	⑧指定地域密着型介護老人福祉施設入所者生活介護
④指定認知症対応型通所介護	⑨指定複合型サービス
⑤指定小規模多機能型居宅介護	

条件等に従わない事業者等に対し、是正勧告や命令をすることができるとされています。

（3）施設サービス等

　施設サービスは介護保険施設で行われ、その種類として介護老人福祉施設、介護老人保健施設、介護療養型医療施設及び介護医療院があります。

　介護老人福祉施設は、老人福祉法に規定する特別養護老人ホームのうち、一定の規模及び基準を満たして都道府県知事の指定を受けたものです。事業所の所在地が政令指定都市または中核市である場合は、当該市長が指定を行います。

　介護老人保健施設及び介護医療院は、介護保険法上の開設許可を都道府県知事からうけます。事業所の所在地が政令指定都市または中核市である場合は、当該市長から許可をうけます。

　指定基準及び開設基準ともに、施設ごとに①人員基準、②設備及び運営に関する基準等が厚生労働省令で定める基準をもとに条例等で定めることとされています。

　指定事業者は、6年ごとに指定の更新を受けなければ指定の効力を失うこととされているため、更新事務についてもその手続きを確認する必要があります。

　そして、都道府県知事等は当該介護サービスの提供に関して必要があると認めるときは、サービス事業者等に対して報告を求めたり、立入検査をすることができるとされています。また、指定の際に付した条件等に従わない事業者等に対し、是正勧告や命令をすることができるとされています。

2　実地指導及び監査

　都道府県等は、前出の介護保険事業の指定を実施した後、高齢者の尊厳を支えるよりよい介護サービスが提供されるために、その質の確保・向上を図ることに主眼を置く「指導」と、指定基準違反や不正請求等が疑われる場合に介護保険法で定められた権限を行使する「監査」を適切に組み合わせて、効果的な指導・監督を実施することが必要です。

　いずれについても、厚生労働省から指針やマニュアル等が提示されているので、最新の情報を入手して業務の参考とするよう努めるとともに、各都道府県等においても同様の資料を具備していることも多いことから、これらをしっかりと読み込んでおくことが実務上必要です。

　以下では、指導と監査の概要について見ていきます。

（1）指導の形態

　指導の形態は、以下のとおり集団指導と実地指導に分類されます。

ア　集団指導

　集団指導は、都道府県又は市町村が指定、許可の権限を持つサービス事業者等に対し必要な指導の内容に応じ、一定の場所に集めて講習等の方法により行うとされています。

　都道府県が集団指導を実施した場合には、管内の保険者に対し、当日使用した資料を送付したり、その内容等について周知することが必要です。

　また、市町村が集団指導を実施した場合には、都道府県に対し、当

日使用した資料を送付したり、情報提供を行うことが必要です。

（ア）指導通知

　都道府県及び市町村は、指導対象となるサービス事業者等を決定したときは、あらかじめ集団指導の日時、場所、出席者、指導内容等を文書により当該サービス事業者等に通知する必要があります。

（イ）指導方法

　集団指導は、介護給付等対象サービスの取扱い、介護報酬請求の内容、制度改正内容及び過去の指導事例等について講習等の方式で行われます。

　なお、集団指導に欠席したサービス事業者等には、当日使用した必要書類を送付したり、必要な情報提供に努めるものとされています。

イ　実地指導

　実地指導は、厚生労働省、都道府県又は市町村が、指導の対象となるサービス事業者等の事業所において実地に行うとされています。

　なお、一般指導とは、都道府県又は市町村が単独で行うものをいい、合同指導とは、厚生労働省及び都道府県又は市町村が合同で行うものをいいます。

（ア）指導通知

　都道府県及び市町村は、指導対象となるサービス事業者等を決定したときは、あらかじめ次に掲げる事項を文書により当該サービス事業者等に通知することが必要です。

ａ．実地指導の根拠規定及び目的

ｂ．実地指導の日時及び場所

ｃ．指導担当者

ｄ．出席者

ｅ．準備すべき書類等

（イ）指導方法

　実地指導は、各都道府県等が業務の参考となるよう厚生労働省から示されている介護保険施設等実地指導マニュアルや、各都道府県等が定める要綱・マニュアル等に基づき、関係者から関係書類等を基に説明を求め面談方式で行われます。

（ウ）指導結果の通知等

　実地指導の結果、改善を要すると認められた事項及び介護報酬について過誤による調整を要すると認められた場合には、後日文書によってその旨の通知を行います。

（エ）報告書の提出

　都道府県又は市町村は、当該サービス事業者等に対して、文書で通知した事項について、文書により報告を求めるものとされています。

（2）監査

　想定される事例は少ないものの、実地指導中に著しい運営基準違反が確認され利用者及び入所者等の生命又は身体の安全に危害を及ぼすおそれがあると判断した場合、又は報酬請求に誤りが確認され、その内容が著しく不正な請求と認められる場合は、実地指導を中止し、直ちに厚生労働省の定める介護保険施設等監査指針や各都道府県等が定める要綱・マニュアル等に基づいて監査を行うものとされています。

ア　監査対象となるサービス事業者等の選定基準

　監査は、下記に示す情報を踏まえて、指定基準違反等の確認について必要があると認める場合に行うものとされています。

（ア）要確認情報

ａ．通報・苦情・相談等に基づく情報

ｂ．国民健康保険団体連合会（以下「連合会」という。）、地域包括支援センター等へ寄せられる苦情

ｃ．連合会・保険者からの通報情報

ｄ．介護給付費適正化システムの分析から特異傾向を示す事業者

ｅ．介護保険法に規定される報告の拒否等に関する情報

（イ）実地指導において確認した情報

　保険給付、介護給付において指導を行った市町村等がサービス事業者等について確認した指定基準違反等

イ　監査方法等

（ア）報告等

　都道府県知事又は市町村長は、指定基準違反等の確認について必要があると認めるときは、サービス事業者等に対し、報告若しくは帳簿書類の提出若しくは提示を命じ、出頭を求め、又は当該職員に関係者に対して質問させ、若しくは当該サービス事業者等の当該指定に係る事業所に立ち入り、その設備若しくは帳簿書類その他の物件の検査（以下「実地検査等」といいます。）を行うものとされています。

ａ．市町村長による実地検査等

　市町村長は、指定権限が都道府県にある指定居宅サービス事業者等、指定居宅介護支援事業者等、指定介護老人福祉施設開設者等、介護老人保健施設開設者等、指定介護療養型医療施設開設者及び指定介護予防サービス事業者等（以下「都道府県指定サービス事業者」といいます。）について、実地検査等を行う場合、事前に実施する旨の情報提供を都道府県知事に対し行うものとされています。

　なお、都道府県指定サービス事業者の介護給付対象サービスに関して、複数の市町村に関係がある場合には、都道府県が総合的な調整を行うものとされています。

ｂ．市町村長は、指定基準違反と認めるときは、文書によって都道府県に通知を行うものとされています。なお、都道府県と市町村が同時に実地検査等を行っている場合には、省略することができるものとされています。

ｃ．都道府県知事は前項の通知があったときは、すみやかに以下の（ウ）～（オ）に定める措置を取るものとされています。

（イ）監査結果の通知等

ａ．監査の結果、改善勧告にいたらない軽微な改善を要すると認められた事項については、後日文書によってその旨の通知を行うものとされています。

ｂ．報告書の提出

　都道府県又は市町村は、当該サービス事業者等に対して、文書で通知した事項について、文書により報告を求めるものとされています。

（ウ）行政上の措置

　指定基準違反等が認められた場合には、介護保険法の「勧告、命令等」、「指定の取消し等」、「業務運営の勧告、命令等」、「許可の取消し等」の規定に基づき行政上の措置を機動的に行うものとされています。

ａ．勧告

　サービス事業者等に指定基準違反の事実が確認された場合、当該サービス事業者等に対し、期限を定めて、文書により基準を遵守すべきことを勧告することができる。これに従わなかったときは、その旨を公表することができるとされています。

　勧告を受けた場合において当該サービス事業者等は、期限内に文書

により報告を行うものとされています。

ｂ．命令

　サービス事業者等が正当な理由がなくその勧告に係る措置をとらなかったときは、当該サービス事業者等に対し、期限を定めて、その勧告に係る措置をとるべきことを命令することができるとされています。なお、命令をした場合には、その旨を公示しなければならないとされています。

　命令を受けた場合において、当該サービス事業者等は、期限内に文書により報告を行うものとされています。

ｃ．指定の取消等

　都道府県知事又は市町村長は、指定基準違反等の内容等が、介護保険法の規定に該当する場合においては、当該サービス事業者等に係る指定・許可を取り消し、又は期間を定めてその指定・許可の全部若しくは一部の効力の停止をすることができるとされています。

（エ）聴聞等

　監査の結果、当該サービス事業者等が命令又は指定の取消等の処分に該当すると認められる場合は、監査後、取消処分等の予定者に対して、行政手続法の規定に基づき聴聞又は弁明の機会の付与を行わなければならないとされています。

（オ）経済上の措置

ａ．勧告、命令、指定の取消等を行った場合に、保険給付の全部又は一部について当該保険給付に関係する保険者に対し、不正利得の徴収等（返還金）として徴収を行うよう指導するものとされています。

ｂ．命令又は指定の取消等を行った場合には、当該サービス事業者等に対し、原則として、介護保険法の規定により返還額に100分の40を乗じて得た額を支払わせるよう指導するものとされています。

（3）実地指導等における実際の指摘事項、指導事例

　それでは、実際に実地指導等における指摘事項、指導事例はどのような状況になっているのでしょうか。実際の例をみることによって、施設や事業の種類別の指摘事項等の状況が分かります。ここでは東京都福祉保健局指導監査部が2020（令和２）年９月に発表した令和元年度指導検査報告書を例として、その概要を以下で見てみましょう。

ア　介護保険施設

（ア）介護老人福祉施設

　実地指導を行った124施設のうち、57施設が何らかの文書指摘を受けています。その57施設のうち、21施設が「介護報酬の算定等について、誤り（不備）があるので、是正すること」について指摘されています。

a．介護報酬の適正な算定　21施設

b．適正な資金の運用　9施設

c．適切な変更の届出　9施設

d．建物設備等の適正な管理　8施設

e．適正な勤務表の作成　7施設

（イ）介護老人保健施設

　実地指導を行った42施設のうち、16施設が何らかの文書指摘を受けています。その16施設のうち、10施設が「介護報酬の算定等について、誤り（不備）があるので、是正すること」について指摘されています。

　また、5施設が「身体的拘束等の適正化を図ること」について指摘されています。

イ　高齢者施設等

（ア）養護老人ホーム

実地指導を行った9施設のうち、4施設が何らかの文書指摘を受けています。その4施設のうち、3施設が「身体的拘束等の適正化を図ること」について指摘されています。

また、2施設が「人員基準等を遵守した職員配置を行うこと」について指摘されています。

（イ）軽費老人ホーム

実地指導を行った41施設のうち、22施設が何らかの文書指摘を受けています。その22施設のうち、12施設が「身体的拘束等の適正化を図ること」について指摘されています。

また、7施設が「事故の発生及び再発を防止するため、必要な措置を講じること」について指摘されています。

（ウ）有料老人ホーム

実地指導を行った125施設のうち、59施設が何らかの文書指摘を受けています。その59施設のうち、27施設が「特定施設サービス計画を適切に作成すること」について指摘されています。

また、21施設が「介護報酬の算定等について、誤り（不備）があるので、是正すること」について指摘されています。

（エ）サービス付き高齢者向け住宅

実地指導を行った55施設のうち、11施設が何らかの文書指摘を受けています。その11施設のうち、3施設が「全ての職員に高齢者虐待防止等に係る研修を実施し、その記録を保存すること」及び「安否確認を1日1回以上行い、記録を残すこと」について指摘されています。

ウ　介護保険在宅サービス事業（福祉系）

（ア）訪問介護事業

　実地指導を行った94事業のうち、49事業が何らかの文書指摘を受けています。その49事業のうち、22事業が「勤務体制を確保すること」について指摘されています。

（イ）通所介護事業

　実地指導を行った134事業のうち、44事業が何らかの文書指摘を受けています。その44事業のうち、18事業が「人員基準等を遵守した職員配置を行うこと」について指摘されています。

（ウ）短期入所生活介護事業

　実地指導を行った257事業のうち、14事業が何らかの文書指摘を受けています。その14事業のうち、9事業が「介護報酬の算定等について、誤り（不備）があるので、是正すること」について指摘されています。

（エ）特定施設入居者生活介護事業

　実地指導を行った211事業のうち、75事業が何らかの文書指摘を受けています。

（オ）福祉用具貸与事業

　実地指導を行った30事業のうち、20事業が何らかの文書指摘を受けています。その20事業では、「月ごとの勤務表を作成し、従業者の勤務の体制を定めること」、「福祉用具貸与計画を適切に作成すること」等について、指摘されています。

（カ）特定福祉用具販売事業

　実地指導を行った30事業のうち、18事業が何らかの文書指摘を受けています。その18事業では、「月ごとの勤務表を作成し、従業者の勤務の体制を定めること」、「福祉用具販売計画を適切に作成すること」

等について、指摘されています。

（キ）居宅介護支援事業

　実地指導を行った33事業のうち、14事業が何らかの文書指摘を受け
ています。その14事業のうち5事業が「介護報酬の算定等について、
誤り（不備）があるので、是正すること」について指摘されています。

エ　介護保険在宅サービス事業（医療系）

（ア）訪問看護事業

　実地指導を行った192事業のうち、156事業が何らかの文書指摘を受
けています。その156事業のうち、104事業が「介護報酬の算定等につ
いて、誤りがあるので、是正すること」について指摘されています。

（イ）通所リハビリテーション事業

　実地指導を行った110事業のうち、22事業が何らかの文書指摘を受
けています。その22事業のうち、16事業が「秘密保持のために必要な
措置を講じること」について指摘されています。

（ウ）訪問リハビリテーション事業

　実地指導を行った32事業のうち、28事業が何らかの文書指摘を受け
ています。その28事業のうち、26事業が「秘密保持のために必要な措
置を講じること」について指摘されています。

オ　監査

（ア）監査実施状況（介護保険サービスに対する監査）

　監査を実施したのは、介護老人福祉施設、訪問介護事業及び通所介
護事業それぞれ1件ずつの合計3件となっています。

（イ）処分等状況

　処分等の状況は、訪問介護事業及び通所介護事業それぞれ1件ずつ

の合計2件となっており、いずれも指定取り消し相当とされています。

参考文献

・『介護保険制度の解説』（第10版）社会保険研究所2018年8月

・厚生労働省『全国介護保険担当課長会議資料』各年版

・東京都福祉保健局指導監査部『令和元年度　指導検査報告書』2020年9月

・増田雅暢『逐条解説介護保険法　2016改訂版』法研2016年

適正な実地指導とは？

　介護保険担当課に配属となり、介護保険施設等に対する実地指導を担当することとなった場合、まずは先輩や上司と一緒に対象施設等に赴いて、実際に実地指導の実施方法を習得していくケースが多いと思われます。

　「役所」に顕著ですが、長年、同じ部署にいると前例踏襲で事務を遂行してしまうことも多く、新規に配属された職員は新しい目で自治体のマニュアル等を再点検し、最新の情報に修正することが必要です。特に厚生労働省所管の分野は法令等の改正等が多く、常に自分が担当する事務の根拠となる法令等の動向を注視していくことが求められます。

　実地指導等に係る厚生労働省から各自治体への通知等は、解説のための本が出版されるなど指導の対象となる施設の運営事業者等にも周知されており、最新の情報を入手して指導等を実施しないと、かえって事業者側から何らかの指摘を受けてしまう可能性もあります。

　また、厚生労働省は実地指導について、全国の自治体毎に指導の内容や確認項目・確認文書に様々な差異が生じているとともに、一部の自治体においては実地指導の実施が低調な状況が見受けられると指摘しています。このため、「実地指導の標準化・効率化等の運用指針」を定め、指導の標準化・効率化及び指導時の文書削減を図り、実地指導の実施率を高めることを求めています。

適正な実地指導を通じて介護サービスの質の確保及び適正な保険請求を促し、よりよいケアの実現を図るため、自治体職員は情報収集を怠らず現場の業務を通じてその力量を高めていくことが必要です。

第4章

介護・高齢者部門における保健師の役割

1　筆者が働く沼津市

　わが国は世界的にも例を見ない急速な速さで高齢化が進行していま
す。筆者が働く沼津市においても、高齢者人口が増え続け、住民基本
台帳から推計すると、団塊世代が75歳以上となる令和7年（2025年）
には65歳以上の高齢者の割合が33.2％、団塊ジュニアが65歳以上と
なる令和22年（2040年）には40.3％になるものと見込まれています。

　高齢化が進む中、元気でいきいきと就業している人や自治会活動や
ボランティアなどの社会活動に参加している人、スポーツや趣味に打
ち込んでいる人などが多くいる一方で、認知症や単独世帯の高齢者、
老夫婦世帯、引きこもりの子と同居の高齢者等、社会から孤立した高
齢者などがますます増加し、今や社会問題化している現状にあります。

　高齢者福祉に関する市民ニーズが多様化、高度化するなか、住み慣
れた地域で安心して暮らしていくことができるように、健康づくりや
生きがいづくり、社会参加の促進（高齢者が参加しやすい活動の場の
拡大）などを含めた総合的な高齢者福祉の充実が求められています。

2 保健師の役割増加

　このようななか、高齢者に接する機会も増え、行政における保健師
の果たす役割は非常に大きなものになってきています。

　私が行政で「保健師」として勤務してから、40年が経過しようとし
ていますが、母子保健、成人保健などの保健部門を経験したのち、現
在は高齢者福祉、介護保険業務に専任しています。

　この間、社会経済情勢は成熟化、低成長へと大きく変化し、同時に
世界に類をみない急速な少子高齢化が進行してきました。加えて、住
民ニーズの増大や多様化、複雑化、国及び地方公共団体の行財政資源
の減少など保健師を取り巻く環境も著しく変化してきました。

　同時に、保健師の果たすべき役割はより高まるとともに、複雑化困
難化してきたことを実感する毎日です。

　本章では、筆者の経験も踏まえながら高齢者福祉・介護部門へ新た
に配置された保健師の皆さんに、仕事に向かう指針となるような内容
をのべていきましょう。

3 介護保険制度と保健師

（1）高齢化と少子化

　介護保険制度は、高齢化と少子化が進むなか、すべての高齢者が住み慣れた地域で、安心して心豊かに暮らしていけるよう、介護が必要となった高齢者とその家族を、社会全体で支えていくという介護の社会化を目指した制度です。

　少子高齢化が著しく進行するなか、介護を必要とする高齢者の増加や核家族化の進行を背景に、親の介護のための離職等も散見されるようになってきました。介護の負担を過剰に負わせないようにし、介護を社会全体で支えるという目的で、平成12年（2000年）に施行されました。以来、実態に即した様々な改正が行われ、現在では利用者の立場に立った総合的なサービスが、安心して受けられる新たな仕組みとして、すっかり定着した制度となっています。

　繰り返しますが、介護保険制度は市町村が保険者となって運営し、40歳以上の方全員が被保険者（加入者）となり保険料を納め、費用の一部（1割から3割）を利用者が支払ってサービスを利用します。しかしながら、20年を経過した今、様々な問題に直面しています。

（2）2025年問題

　世界に例を見ない高齢化の進行のなかで、2025年にはいわゆる団塊の世代が75歳以上となり、介護や医療ニーズの高い高齢者数も増加し、介護保険料をはじめとする社会保障費が増え続ける財政的問題です。

　これには財政的問題解決という対症療法的解決よりも、多くの人が要介護状態とならないよう、予防活動重視の対策が最も重要であることは言うまでもありません。

　以前は、地区担当制を中心に保健師活動を行う市町が殆どでしたが、組織改編により、分散配置になったり、業務分担制によって、保健師の地域保健活動のあり方も大きくかわってきました。

　家庭訪問や地域住民の生活の場に入った活動（住民や関係者と意見交換をしながら情報把握をする等）を通して、地域の健康課題を把握し、それを行政の様々な施策や地区組織活動につなげることが保健師の専門性でもあります。

（3）保健師としての課題

　しかし、介護保険制度が開始されて以来、高齢者と直に接する保健師としての実務は減っており、その機能が十分発揮できていないのではないかと感じることもしばしばあります。

　介護・高齢者福祉部門のみならず、所属する課のいかんにかかわらず、予防活動の重視や住民の生活を捉える視点、個の問題であっても、地域社会全体から捉えようと問題意識をもって対処し、課題解決に向けた施策につなげる努力は保健師として重要なポイントと考えます。そのためには、日ごろから鍛錬しておかなければなりません。

　どのような部署においても、専門職業人として成長するために、目標をもって主体的に自己能力の開発に取り組み、継続的に自己研鑽を積みましょう。そして強い意志を持って積極的に行動することが必要です。

　保健師としての信念を持ち、失敗を恐れることなく進みましょう。

あなたの周りには、共に考えたりヒントを与えてくれる先輩や同僚、仲間がいます。

　組織力を最大限に高めるにはチームワークが大切であることは言うまでもありません。そのためにも、良好な人間関係を築くことを心がけましょう。

4　健康寿命と平均寿命

（1）介護予防と健康寿命

　介護予防「健康寿命」の視点から考えてみましょう。介護予防には要介護認定を受けてから亡くなるまでの期間をできる限り短くし、元気な期間を延ばすこと（健康寿命の延伸）が重要です。

　2016（平成28）年の平均寿命は、男性が80.98歳、女性が87.14歳です。それに対し健康寿命は男性が72.14歳、女性が74.79歳となっています（図4-1）。

　平均寿命と健康寿命の差（男性：8.84歳、女性：12.35歳）は、がんや生活習慣病と加齢による心身機能の低下が大きく影響しています。

図4-1　【健康寿命と平均寿命】

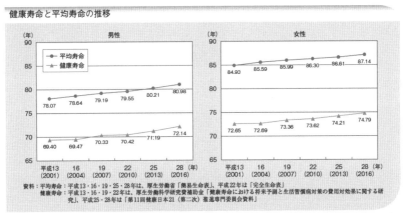

出典：「平成30年度版高齢社会白書」健康寿命と平均寿命の推移（内閣府）
https://www8.cao.go.jp/kourei/whitepaper/w-2018/html/zenbun/s1_1_1.html

（2）「生活習慣病」や「老化」

　健康寿命に影響する「生活習慣病」や「老化」についての対策も、中年期と高齢期とではポイントが異なります。

　中年期までは、主にメタボリックシンドローム予防に重きを置きますが、高齢期では老化予防が中心となります。心身機能の維持（いつまでも自立して、自分の力で、生活していく能力を維持すること）を図り、介護状態になることを防ぐことが大切です。

　そのために「フレイル（虚弱）」予防が重要になるとともに、認知症高齢者に向けたやさしい地域づくりの推進も必要となります。

5　フレイル対策

（1）フレイルとは？

　近年「フレイル」という概念が叫ばれるようになりました。これは日本老年医学会が提唱したもので、加齢による心身の活力（筋力・認知機能・社会とのつながりなど）が低下した虚弱な状態を「フレイル」と言います。

　「フレイル」は健康と要介護状態の間のような段階で、放置すると、健康や生活機能を損なうおそれがあり、殆どの高齢者がこの段階を経て要介護状態につながっていきます。

　しかし、早期に気づき日常生活を見直すなどの対処を行うことにより、健康な状態に戻る可能性があるので、フレイル予防を啓発し健康寿命の延伸を図っていくことが重要となります。

　無関心層への働きかけも重要で、この層にいる人々の「心と行動」をどのように動かすかが大きな課題になっています。

（2）「栄養（食・口腔機能）」・「運動」・「社会参加」

　健康長寿のポイントとしては「栄養（食・口腔機能）」・「運動」・「社会参加」の３つの要素が大切で、より早期からの介護予防として、フレイル予防の普及啓発に取り組む必要があります。

　フレイルチェックにより、日ごろから高齢者が自分の健康チェックを行うことで、介護予防の意識が高まり、フレイル予防・改善を図ることができます。

　当市においても、令和元年度に、東京大学高齢社会総合研究機構の飯島勝矢教授によるフレイル予防講演会を開催し、モデル地区を選定しフレイルサポーター（フレイル予防を普及啓発しフレイルチェックを実施する担い手）の養成とフレイルチェックを実施しました。

　現在は市主催事業として実施していますが、フレイルサポーターを養成した圏域においては、順次、地域包括支援センター主催によるフレイル予防教室等ができるよう計画中です。

　今後、ますます必要性が高まっている「住民主体の介護予防」を展開していくためには、自治会や地区社会福祉協議会、地域包括支援センター等、他機関との連携も重要となってきます。

　地域特性や高齢者の実態を十分把握し、医学的知識も心得ている保健師が中心となり、地域との連携を図り、高齢者が楽しんで参加・活動できるような工夫を取り入れた事業を展開していくことこそ、保健師に期待される場面でもあるはずです。

6 多職種・他機関との連携

　日常生活に支援が必要な高齢者やその介護をしている家族を地域で支えていくためには、地域包括支援センターを中心に、民生委員や地区社会福祉協議会などの団体、医療機関、各種サービス事業者との連携強化を図り、地域における支援体制の充実に努めることは重要なテーマであることは言うまでもありません。

　つまり、行政はもとより、社会福祉法人などは、その提供する様々な福祉サービスが、利用者の意向を十分に尊重し、保健医療サービスやその他の関連するサービスとの連携が図れるよう、創意工夫しながら、これを総合的かつ効果的に提供できるよう事業の実施に努めることが必要です。

　また、多職種、他機関と協働して仕事を進めていく体験が保健師の職業的アイデンティティの確立にも影響を与えるのではないでしょうか。

　高齢者・地域の健康課題を解決するには、保健師や行政機関だけでできることには限界があり、多くの職種や機関との連携が必要です。ですから地域住民、自治会、医師会、歯科医師会、医療機関、薬剤師会、企業、学校等と積極的に連携を取るよう心掛けましょう。

7　地域福祉の視点

　同時に、福祉サービスの推進にあたっては、地域を挙げて取り組む
「地域福祉の推進」が重要な視点になります。

　つまり、「地域福祉、社会福祉を目的とする事業を経営する者及び
社会福祉に関する活動を行う者は、相互に協力し、福祉サービスを必
要とする地域住民が、地域社会を構成する一員として、日常生活を営
み、社会、経済、文化その他あらゆる分野の活動に参加する機会が与
えられるように、地域福祉の推進に努めなければならない（社会福祉
法）」わけで、ここに行政保健師の存在意義があるのではないでしょ
うか。

　住民の介護予防ニーズを共通認識し、協働して活動を展開するとと
もに、医療の専門職として住民や福祉関係者を支援することも保健師
の仕事です。

8 医師（会）・地域包括支援センター等関係機関との連携

　高齢者に接する医師や医師会と打合せすると、医師として様々な指示を行う際に、ケアマネジャーに繋いだ方が良いのか、保健師が担当すべきなのか判断に迷うケースがある、という声を聞くことがあります。

　地域全体の問題として考えていく必要性がありそうなことに対しては、地域包括支援センターの職員である社会福祉士・主任ケアマネジャー・保健師のいずれかと連絡をとり、必要に応じ行政を含めた地域ケア会議等を開催していくこともあります。

　医療に関する知識や技能を有した専門職であり、同時にケアマネジャーほか様々な機関や団体への情報提供や指示指導といったコントロール機能を担うことができる保健師であれば、地域包括支援センターにおいても行政においても適切な医療連携がとれるのではないでしょうか。

　地域課題を把握し、解決していくためにも医師とのネットワークは重要なものであり、日頃から密接な連携を築いておくことが大切です。

　地域包括支援センターは直営委託にかかわらず、地域包括ケアを支える中核的機関として、地域包括ケアシステムの構築や介護予防に取り組んでいます。

　効果を最優先に考えたとき、行政保健師が行政機関直轄の地域包括支援センターに配置され、ケアマネジャーと共に両輪となって動くことが、最大限の効果が期待できるものと考えられますが、今の厳しい行財政運営のなかでは、人材、財源をはじめとする行政資源をここに注ぎ続けることは難しい状況になっているのではないでしょうか。

　一方では、保健師は他の専門職とのチームアプローチにより、高齢

者の総合的な相談や地域のケア体制づくり、介護予防等に積極的に関
与していくことはできます。

　具体的には、地域包括支援センターを活動の舞台に、医師、ケアマ
ネジャー、行政、既述した地域住民組織等の多様なセクターを横断的
に結ぶ「地域ケア会議」を開催するなど、これらのキーパーソンとし
て保健師が機能を発揮することが期待されています。

　より一層スムーズな協力態勢の構築こそ、保健師の能力を発揮でき
る場面なのです。

9 ケアマネジャー・ケアプラン 点検指導・研修

（1）ケアマネジャーとの関わり

　支援が必要な高齢者や家族の地域における第一の窓口はケアマネジャーが担っています。

　同時に、支援が必要な個々の生活状況に応じて、様々なサービスを組み立て、自立支援・重度化防止につながるケアプラン作成という極めて重要な任務をも有しています。

　「指定居宅介護支援等の事業の人員及び運営に関する基準（平成11年3月31日厚生省令第38号　注（令和2年厚生労働省令第113号による改正））」　第3章　運営に関する基準の第13条に指定居宅介護支援の具体的取扱方針が規定されています。

　その3に、介護支援専門員は、居宅サービス計画の作成に当たっては、利用者の自立した日常生活の支援を効果的に行うため、利用者の心身又は家族の状況に応じ、継続的かつ計画的に指定居宅サービス等の利用が行われるようにしなければならないと記載されています。

（2）ケアプランの点検

　しかし、「ケアプラン点検」等で内容を確認してみると、自立支援・重度化防止を目指したプランとはほど遠いものとなっているものも散見されます。

　具体的には、利用者が自分でできていることまでサービスが組み込まれている過剰な計画（自立支援を阻害しているサービス）。いつま

で経っても達成することができない「継続目標」だけの計画（更新の
たびに、目標の期間延長を繰り返している）。目標が抽象的過ぎて、
利用者自身いったい何をしたらいいのか分からない、というような目
標が設定されている計画。さらには誰にでも当てはまる内容で、一人
ひとりの状況に即していない個別性の低い計画等、適正化の観点から
疑義を抱かざるを得ないようなもの等々です。

　このような状況を防ぐためには、常に原点に立ち返り、運営基準を
再認識し、課題分析（アセスメント）を適切に行う必要があるわけで
す。その後、面倒でも課題整理総括表を用いて、生活全般の解決すべ
き課題（案）を導き出し、優先順位の高いものから順に、居宅サービ
ス計画書第2表の「課題」欄に転記していくことをお勧めします。

　ケアプラン点検での面談時、「課題整理総括表を記入したので、ア
セスメントをしなくてもいいと思いました。」とか、逆に「課題整理
総括表を記入していたら、自分のアセスメントが不十分であったと気
付きました。」というような声を聞くこともありました。

　アセスメント表には記載されていなくても、ケアマネジャーに具体
的に状況を確認していくと、必要な情報が把握できていることもあり
ます。目の前の困りごとだけではなく、その困りごとが起きている背
景もしっかり把握し、アセスメント情報として記載しておきましょう。

　「課題整理総括表」は「課題」を導き出すためのシートであって、
アセスメントをやらなくてもいいということではありません。詳細な
アセスメント情報がなければ「課題整理総括表」は記入できないはず
です。

（3）チェック機能

　主任ケアマネジャーがいない居宅介護支援事業所やケアマネジャーが一人しかいない場合であっても、他の居宅介護支援事業所や担当圏域にある地域包括支援センターの主任ケアマネジャー等に、サービス内容やケアプラン全体について相談するなど、積極的に関わりをもっていきましょう。

　そして、相互にチェック機能を持ちながら、適切なケアプラン作成を心掛けていってほしいと思います。それがケアマネジャーの資質向上につながっていきます。

　以上のように、ケアプランの標準化や介護給付の適正化を念頭に、ケアマネジャーのための研修会や講演会やケアプラン点検等を行ってきました。

　しかし、中には一過性の成果でしかなかったと思わざるを得ないような状態に戻ってしまうことも度々ありました。

　この事業において明確な成果が得られないという事は、担当している私自身のやり方や、内容がまずいのではないかと悩み、他市町の実施方法の情報収集に時間を費やしたこともありました。

　ケアプラン点検時の面接では、ケアマネジャーの自尊心を傷つけないよう、細心の注意を払いながら行ってきましたが、中には「現場を知らない、口うるさい保健師」と揶揄され、陰口を叩かれることもあり、精神的にも落ち込み、苦しい思いをした経験もあります。

　しかし、私たちの仕事はケアマネジャーのためだけではなく、支援が必要な高齢者とその家族のためにあるものであると発起し、自らを奮い立たせ、また次の仕事に臨むということを実践してきました。

　この思いは、ケアマネジャーの皆さんが常に心に描いている思いと

同じで、基本となる方向性も、ケアマネジャーも行政における保健師も同じなのです。協力し合ってやっていきましょう。

　新たに配置される保健師にとって、最初は厳しい思いをすることがあるかもしれませんが、強い使命と意思を持ち、自信を持って臨みましょう。

10　保健師と地域

　誰もが住み慣れた地域で健康で心豊かに過ごせること、終生その地域に住み続けたいと感じていただけるような環境づくりこそ、行政に課せられた責務であると言っても過言ではありません。

　地域において、健康を切り口としたアプローチにより、住民に身近な専門職として、地域に入り込んでいくことのできる機能は保健師に与えられた特権でもあります。

　例えば、一人暮らしで社会を拒絶した高齢者の、乱雑としたゴミだらけの部屋にも警察機関等と連携しながら、踏み込んでいけるのは中立の立場で公的なバックアップのある保健師だけであり、その後、様々な問題解決の道筋を検討していきます。

　つまり、人にやさしく住民の声なき声を聴きながら、難しい問題にも各機関と連携しながら解決の道筋を導く、柔軟かつ足腰が強い職員こそ保健師の姿ではないでしょうか。

　現下の社会経済情勢のなか、少子高齢化や核家族化の進行、女性の社会進出、地域社会の連帯意識の希薄化などを背景に、多くの高齢者を地域で支えていくことは並大抵のことではありません。

　このようななか、地域に公の立場で入り込める保健師であるからこそ、個々の家庭環境や暮らしぶりを把握している私たち本来の力を発揮し、活躍していかなければならない場面であります。

　もちろん保健師だけでは解決不可能な場合も多々あるので、ボランティア等を含め、可能な資源を有効に機能させることも保健師の機能ともいえます。

　行政機関という大きな組織の中で、保健師が孤立することなく、常

に上司や同僚などを巻き込んで組織全体で対応できる体制づくりに努
める必要もあるのではないかと思います。

11 感染症対策と保健師

（1）公衆衛生

　公衆衛生の大きな脅威となっているのが「新型コロナ感染症」です。「帰国者・接触者相談センター」での24時間電話相談や検査の必要な人のピックアップ。ＰＣＲ検査の手配、陽性者の入院調整・搬送、感染者の疫学調査、濃厚接触者の特定、その他の健康観察。「積極的疫学調査」で濃厚接触者を特定し、感染経路を追跡調査するという事も保健師が中心となり行っています。これは、クラスターの早期発見につながり、感染拡大を防ぐための重要な仕事となります。これら感染拡大防止の最前線を保健師が担っているわけです。

　検査や患者搬送は保健師でなくてもできますが、感染源探索や感染経路の推定、感染拡大防止のための「積極的疫学調査」、地域における健康危機発生時の公衆衛生看護活動は保健所保健師が専門性を発揮して対応しています。このような活動を通して地域全体の感染症予防対策の向上を図っていきます。今は、保健所保健師だけでは対応困難なため、市（区）の保健師が保健所に出向き、行政の枠組みを超えた協力・支援体制での仕事を進めています。

（2）ワクチン接種

　自治体主催の「新型コロナウイルスワクチン」接種等の注射器への薬液充填や接種後の状態観察、ショック反応に迅速に対応するための要員等として、私たち保健師も携わっています。

　マスコミで連日新型コロナに関する情報が氾濫するなか、特に重篤化が懸念される高齢者にとって、不安や恐怖心は高まり、ノイローゼ状態に陥る方や精神的に不安定になり体調不良になる方等も出ており、様々な不具合が発生しています。市民からの様々な電話対応や自宅待機中の方々の状態観察・相談等も行い、緊急事態に対応できるよう日々備えていなければなりません。

　また、計画されているデイサービスに行かなかったり、ショートステイや訪問介護の利用等を控え、心身共に機能低下が進んできた高齢者もいます。認知症が進行してきた高齢者もいます。

　行政として、適切な指示・助言をしていくことはもちろん必要ですが、介護を要する方々への実務的な対応をケアマネジャーの皆様に託し、今は市民全体の重大な感染症対策を最優先に、新型コロナの抑え込みに尽力することが必要な時期ではないでしょうか。

　感染症対策においても、住民のより近くに活動拠点がある、地域を熟知した保健師の存在が重要であり、そのためには保健師が地域の方々から信頼され、なんでも相談できる関係を築いておく必要があります。

　保健師の皆さん、どんどん地域に出て行ってください。地域の方々と膝を交え話をしてください。「何でも屋」と言われようと執務机の前にいては、保健師本来の仕事は成り立ちません。

　様々な出来事に対応していくためにも、日ごろから地域に密着した取り組みをするよう、どの部署にいても心掛けてください。

参考資料

・「平成30年度版高齢社会白書」健康寿命と平均寿命の推移（内閣府）

https://www8.cao.go.jp/kourei/whitepaper/w-2018/html/zenbun/s1_1_

1.html

仕事に臨む姿勢「3S」

　今回、新たに高齢者、介護部門に配属された、新人保健師に対するメッセージを送ります！そのようなことから、先輩保健師として老婆心ながら、職務に臨む姿勢として次のことを心に留めていただきたいと思います。

・「市民（高齢者）の視点に立つ」

　先ず1点目は基本的で重要なもので、「市民（高齢者）の視点に立つ」ことです。

　地方公共団体の主役は企業でもなく、首長でもなく議員でもなく「市民」にほかなりません。

　相談に来られた市民は何故相談にきたのか、何に困っているのか、どうしてほしいのか、常に相手の立場に立つことが基本であることは言うまでもありません。

・「迅速な対応」

　次は「迅速な対応」です。困ったとき、援助が欲しいとき、誰でもなるべく早く対応してほしいものです。例えば、介護認定事務において、申請からサービスを受けられるまで、標準的な期間は分かっていても、なるべく早く対応してもらうことを望みます。公平性平等性はもちろんのこと、事務処理の不作為などはもってのほかです。仮に事務処理に時間を要す場合は、処理中のどの段階にあるかなどを必要に応じてお知らせする必要もあります。

・「わかり易い説明」

3点目は「わかり易い説明」です。介護保険に係る制度は短いサイクル（3年に1度は必ず報酬改定もあります）で変更があり、サービスを受ける住民は理解に時間を要することが多々あります。職員である自分たちは、わかっているからこそ、市民により丁寧にわかり易く説明することが大切です。略語や紛らわしい言葉も避けましょう。

　以上、3点を常に行動規範として、職務に臨んできました。具体的には「市民の視点」のShitenの頭文字の「S」、「迅速な対応」の迅速＝Speedyの頭文字「S」、「わかり易い説明」のわかりやすい＝簡単＝Simpleの頭文字「S」以上の3つの「S」で「3S」と命名し、忙しい時や自分の体調が優れないときほど、特に「3S」を心がけてきました。

　保健師は「保健指導に従事することを業とする者」とされています。例えば、健康診断を受けた後、健診結果や数値の説明だけに留まらず、身体上の心配事以外にも、その方の生活全般も含め総合的な相談・指導を行っていくのが私たち保健師です。

　保健師はこのように個人の健康相談や生活改善のためのアドバイスやサポートをしたりするほか、「企業の従業員」や「地域住民」といったコミュニティ全体の健康を推進していくという働きも担っています。少子高齢化やメンタルヘルス問題、精神障害者の支援・自殺予防、児童虐待・メタボリックシンドローム・介護予防の対応など、昨今の日本社会が抱える健康上の問題は数多くあります。これらの問題に取り組み、人々がより健康的な生活を送れるように尽力するのが保健師なのです。

　看護師の勤務先の殆どは病院ですが、保健師は市（区）役所や

県庁、保健所、健診センター、健康保険組合、学校、企業、県警
などでも働いています。

第5章

措置としての
高齢者虐待対応・
養護老人ホーム

1　高齢者虐待への対応

（1）高齢者虐待とは？

　都道府県や市町村の高齢者福祉課、高齢者支援課といった名称の課に配属された場合、高齢者虐待への対応も一つの重要な所掌事務となるでしょう。超高齢化の進展や高齢者虐待についての認識が社会一般的に広まる中で、高齢者虐待相談・通報件数は年々増加しています。高齢者虐待の未然防止、高齢者虐待を受けた高齢者の迅速かつ適切な保護及び適切な養護者に対する支援を行うことが求められています。

　高齢者虐待への対応等については、高齢者虐待の防止、高齢者の養護者に対する支援等に関する法律（以下、「高齢者虐待防止法」とします。）で規定されています。高齢者虐待防止法では、高齢者とは65歳以上の者をいうとされ、養護者とは高齢者を現に養護する者であって養介護施設従事者等以外のものをいうとされています。

　そして、高齢者虐待とは、養護者による高齢者虐待及び養介護施設従事者等による高齢者虐待をいうものとされています。以下で、その２つのケースへの対応について見ていきます。

（2）養護者による高齢者虐待とは？

　養護者による高齢者虐待とは、次のいずれかに該当する行為とされています。

ア　身体的虐待

　高齢者の身体に外傷が生じ、又は生じるおそれのある暴行を加えること。

イ　介護・世話の放棄・放任

　高齢者を衰弱させるような著しい減食又は長時間の放置、養護者以外の同居人による虐待行為の放置など、養護を著しく怠ること。

ウ　心理的虐待

　高齢者に対する著しい暴言又は著しく拒絶的な対応その他の高齢者に著しい心理的外傷を与える言動を行うこと。

エ　性的虐待

　高齢者にわいせつな行為をすること又は高齢者をしてわいせつな行為をさせること。

オ　経済的虐待

　養護者又は高齢者の親族が当該高齢者の財産を不当に処分することその他当該高齢者から不当に財産上の利益を得ること。

（3）養介護施設従事者等による高齢者虐待とは？

　また、養介護施設従事者等による高齢者虐待とは、次のいずれかに該当する行為とされています。

ア　身体的虐待

　高齢者の身体に外傷が生じ、又は生じるおそれのある暴行を加えること。

イ　介護・世話の放棄・放任

　高齢者を衰弱させるような著しい減食又は長時間の放置その他の高齢者を養護すべき職務上の義務を著しく怠ること。

ウ　心理的虐待

　高齢者に対する著しい暴言又は著しく拒絶的な対応その他の高齢者に著しい心理的外傷を与える言動を行うこと。

エ　性的虐待

　高齢者にわいせつな行為をすること又は高齢者をしてわいせつな行為をさせること。

オ　経済的虐待

　高齢者の財産を不当に処分することその他当該高齢者から不当に財産上の利益を得ること。

2 養護者による高齢者虐待への対応

（1）市町村及び都道府県の役割

　養護者による高齢者虐待について、市町村は相談・通報受理、老人福祉法に規定される措置及びそのための居室確保、養護者の支援等を行うものとされ、都道府県は市町村が行う措置の実施に関し、市町村間の連絡調整、市町村に対する情報の提供その他必要な援助等を行うこととされています。

（2）対応の基本的な流れ

　養護者による高齢者虐待への対応について、一般的に共通する基本的な対応は以下のとおりとなっています。

ア　発見・通報受理

　養護者による高齢者虐待は、家庭内で発生し発見されにくいとされています。早期発見のためには、近隣住民、民生委員や自治会などの地域組織、介護保険サービス事業者など様々な関係者が高齢者虐待に対する認識を深めるともに、常に虐待の可能性も念頭において活動することが重要です。

　そのためには、高齢者虐待を例示することなど各種啓発活動を実施するとともに、高齢者虐待発見のためのチェックリストの作成なども有効と考えられます。市町村や地域包括支援センターなどの関係機関が協働して、早期発見に努める必要があります。

　高齢者虐待対応の窓口として市町村の担当課や地域包括支援センターが位置づけられています。相談・通報を受けて、その後の対応が必要とされた場合、まず、受理を行うとともに、担当課や地域包括支援センターで情報の共有を図ります。それぞれの担当者は必ず組織として対応を図ることが重要です。

イ　基本情報の収集・事実確認

　相談・通報の受理を受けて、基礎的な情報を収集するとともに、各種ケースファイルとして市町村などで整備された様式に則って記録します。

　通報を受理した市町村の担当課や地域包括支援センターは、通報内容及び収集した基本情報を高齢者虐待対応の担当者に報告し、虐待の有無や緊急性の有無を判断して初動対応を検討します。高齢者の生命又は身体に危険が生じているおそれがあるときなどは、迅速な対応が必要となるため、まずは緊急性の有無について確認する必要があります。

　その後、高齢者の安全確認や心身の状況を確認し、高齢者虐待が疑われる事実の確認などを行うために訪問調査を実施します。同時に養護者や家族等の状況を把握することが重要です。

　関係者が調査を拒否するケースも多く、このようなときは、高齢者又は養護者と関わりのある機関や親族、知人、近隣住民などの協力を得ながら安否の確認を行う必要があります。また、訪問調査にあたっては、単独で行わず複数で行うことが必要です。ケースによっては、地域包括支援センター、担当ケアマネジャー、担当民生委員、ヘルパー等と連携協力して対応することも考えられます。

　高齢者の安否の確認ができず、高齢者の生命や身体に重大な危険が強く懸念される場合には、市町村の権限として立入調査を実施するこ

とも可能であり、権限行使についても検討しておくことも必要です。

　なお、立入調査の実施にあたり、養護者などから物理的な抵抗を受けるおそれがあるなど、警察官の援助が必要と判断される場合には、警察署長への援助要請を行います。

ウ　虐待の事実を確認した場合

　具体的な支援方法は、関係機関から収集した情報、訪問調査で明らかになった事実、高齢者本人から確認した意思などを総合的に判断して決定します。必要に応じ個別ケース会議を開催し、関係機関と連携して対応することも必要です。

　個別ケース会議は、招集された複数の関係機関によって、個別の虐待事例に対する援助方針や援助内容等を具体的に協議する場であり、高齢者虐待への対応の中核をなすものです。同会議では、①関係者の情報の共有化、②課題の明確化、③今後の支援の方向性の検討、④関係機関の役割分担の明確化などについて協議・確認します。

エ　支援の実施

　個別ケース会議で援助方針・計画の決定を行ったのち、各関係機関と協力し支援の実施に入ります。このとき、緊急性の度合いにより対応が大きく異なります。

　継続的な見守り訪問などの予防的対応、介護保険サービスの利用、権利擁護のための成年後見制度の申立支援、自立支援事業の活用などの社会的資源の活用・調整・相談対応、緊急ショートステイの利用、やむを得ない事由による措置、養護老人ホームへの措置、病院への入院などの危機的介入対応などの支援を行います。

オ　モニタリング・見守り

　援助計画に沿った対応が実施されてから、その内容を評価しモニタリングします。計画どおりに効果的な対応がなされたかについて関係機関で連携を行い、援助の評価を行います。

　高齢者の生命・身体・財産の安全が確保され、尊厳ある生活が取り戻されることで虐待対応が終結します。

3 養介護施設従事者等による高齢者虐待への対応

 （1）市町村及び都道府県の役割

　養介護施設従事者等による高齢者虐待について、市町村は通報受理、老人福祉法・介護保険法に基づく適切な権限の行使等を行うものとされ、都道府県は老人福祉法・介護保険法に基づく適切な権限の行使、措置等の公表等を行うこととされています。

 （2）対応の基本的な流れ

　養介護施設従事者等による高齢者虐待への対応について、一般的に共通する基本的な対応は以下のとおりとなっています。

ア　通報受理

　市町村担当課あるいは地域包括支援センター等が養介護施設従事者等による高齢者虐待の相談・通報を受け付けます。その際には適切な受付記録の作成をするとともに、虐待対応の緊急性を判断します。それぞれの担当者は必ず組織として対応を図ることが重要です。

イ　基本情報の収集・事実確認

　通報の受理を受けて基礎的な情報を収集するとともに、事実確認では高齢者の安全確保を最優先にしつつ、高齢者本人、養介護施設従事者及び施設等に対して面接調査等を実施し、ケース会議等を開催して通報等の内容について事実関係を確認します。

ウ　虐待の事実を確認した場合

（ア）ケース会議等における事実確認によって明らかになった事実を総合的に判断して、養介護施設従事者等による高齢者虐待の事実が確認できた場合には、高齢者本人や施設等への対応方針を関係課において協議します。

ａ．養介護施設等への対応

　虐待の事実が認められた場合には、施設等において事実確認を行い、確認した結果を高齢者本人や養護者（家族等）へ説明するように指導します。特に、施設・事業所が虐待を未然に防げなかった原因を分析し、再発防止に努めるよう指導することが重要になります。

ｂ．養介護施設従事者等本人への対応

　養護施設従業者等本人には虐待であることを認識させるとともに、虐待を行った背景要因を明らかにすることが必要です。

ｃ．通報者への対応

　事実確認した内容と対応について通報者に連絡し、その際は通報者が通報したことによって不利益を被っていないかなどについても確認することが必要です。

（イ）虐待が確認された場合は、施設等指導、再発防止指導を実施します。

ａ．改善計画の作成

　養介護施設・事業所に対し虐待の再発を防止するための改善計画を作成・提出するよう求め、今後、虐待が発生しないための取り組みを確認します。

ｂ．モニタリング・評価会議の開催

　担当課や関係課から構成される評価会議を開催し、養介護施設・事業所が改善計画に基づき実施した取組のモニタリング・評価を行います。

改善の取組が不十分な場合や指導に従わない場合は老人福祉法、介護保険法に基づく勧告・命令、指定の取消し処分などの権限を適切に行使することが必要です。

（ウ）都道府県との連携

虐待の調査は第一義的には市町村が行いますが、関係者から聴取ができない場合、特に、施設・事業所が調査を拒否するような場合は、その旨を示す内容を都道府県に報告し、都道府県と連携して調査を行うようにします。

（エ）虐待の疑いが認められない場合は、苦情処理窓口等の適切な対応窓口につなぎ、通報等への対応を終了します。

エ　都道府県への報告

市町村が通報・届出をうけ、当該通報又は届出に係る事実の確認を行った結果、養介護施設従事者等による高齢者虐待の事実が認められた場合には、都道府県へ報告します。

〈主な報告内容〉

①　養介護施設等の名称、所在地及び種別

②　虐待を受けた又は受けたと思われる高齢者の性別、年齢及び要介護状態区分又は要支援状態区分その他の心身の状況

③　虐待の種別、内容及び発生要因

④　虐待を行った養介護施設従事者等の氏名、生年月日及び職種

⑤　市町村が実施した対応

⑥　虐待が行われた養介護施設等において、改善措置が採られている場合にはその内容

また、虐待の疑いがある旨の通報を受け、事実確認を行った結果、虐待の有無が確認されなかった事例についても、虐待の事実が確認さ

れた場合の事例にならって都道府県に報告します。

オ　都道府県による養介護施設従事者等による高齢者虐待の公表

　都道府県は、毎年度、養介護施設従事者等による高齢者虐待の状況等について公表することとされています。

4　虐待の状況

（1）養護者による高齢者虐待についての対応状況

　それでは、実際の高齢者虐待がどのような状況になっているのかについて、厚生労働省が2020（令和2）年12月22日に公表した2019年度の高齢者虐待の状況に即して、その概要を以下で見てみましょう。

ア　相談・通報件数
　市町村が受け付けた養護者による（家庭における）高齢者虐待に関する相談・通報件数は34,057件でした。

イ　虐待認定件数
　市町村が虐待を受けた又は受けたと思われたと判断した件数は16,928件でした。なお、1件の虐待判断事例で被虐待高齢者が複数の場合があるため、虐待判断件数16,928件に対する被虐待高齢者の総数は17,427人でした。

ウ　虐待認定者数等
　市町村が虐待を受けた又は受けたと思われたと判断した人数は17,427人で75.2％が女性でした。また、全体の61.4％が何らかの認知症の症状を有していました。

エ　虐待の種別（複数回答に基づく割合）
　「身体的虐待」が67.1％と最も多く、次いで「心理的虐待」

39.4%、「介護等放棄」19.6%、「経済的虐待」17.2%、「性的虐待」0.3%
の順でした。

オ　虐待者の続柄

　虐待者は全体で17,427人おり、その内訳は「息子」が40.2%と最
も多く、次いで「夫」21.3%、「娘」17.8%の順でした。

カ　市町村における対応状況

　「虐待者からの分離を行った」のは27.9%（6,783人）、虐待者への
指導助言や介護保険サービスの利用等により「分離しないで対応した」
のは49.4%（12,006人）でした。

　また、分離した場合の対応内容は、「契約による介護保険サービス
の利用」により施設入所やショートステイ等を行ったものが32.6%
（2,213人）、「老人福祉法に基づくやむを得ない事由等による措置」
で施設等に入所したものが15.1%（1,027人）、「緊急一時保護」が9.8%
（664人）でした。

（2）養介護施設従事者等による高齢者虐待についての対応状況

ア　相談・通報件数

　市町村が受け付けた養介護施設従事者等による高齢者虐待に関する
相談・通報件数は2,267件でした。

イ　虐待の認定件数

　特別養護老人ホームで190件、認知症対応型共同生活介護事業所で

95件、（住宅型）有料老人ホームで90件、（介護付き）有料老人ホームで88件、介護老人保健施設で72件など合計644件の虐待が確認されました。

　なお、1件の虐待判断事例で被虐待高齢者が複数の場合があるため、609件（被虐待高齢者が特定できなかった35件を除く）の事例において特定された被虐待高齢者の総数は1,060人でした。

ウ　虐待認定者数等

　市町村が虐待を受けた又は受けたと思われたと特定した人数は1,060人で69.9％が女性でした。また、全体の79.7％が何らかの認知症の症状を有していました。

エ　虐待の種別（複数回答に基づく割合）

　市町村が特定した被虐待高齢者は全体で1,060人おり、虐待の種別は「身体的虐待」が60.1％、「心理的虐待」が29.2％、「介護等放棄」が20.0％、「性的虐待」が5.4％、「経済的虐待」が3.9％でした。

オ　対応状況（複数回答）

　市町村又は都道府県が、虐待の事実を認めた事例758件（平成30年度以前に虐待と認定して令和元年度に対応した114件を含む。）について行った指導等（複数回答）は、「施設等に対する指導」が574件、「改善計画提出依頼」が550件、「従事者等への注意・指導」が301件でした。

5　養護老人ホーム

（1）養護老人ホームとは

　養護老人ホームは老人福祉法に規定された施設であり、65歳以上であって、環境上の理由及び経済的理由により、居宅において養護を受けることが困難な高齢者を市町村等の措置により入所させ、養護するとともに、自立した日常生活を営み、社会的活動に参加するために必要な指導及び訓練その他の援助を行う施設とされています。

　なお、環境上の理由とは、厚生労働省通知では、家族や住居の状況など、現在置かれている環境の下では在宅において生活することが困難であると認められることとされています。

　また、経済的理由とは、老人福祉法施行令では、①65歳以上の者の属する世帯が生活保護法による保護を受けていること、②65歳以上の者及びその者の生計を維持している者の前年の所得について、所得割の額がないこと、③災害その他の事情により65歳以上の者の属する世帯の生活の状態が困窮していると認められることとされています。

　例を挙げると、介護は要しない、あるいは手厚い介護は要しない程度に元気な高齢者ではあるものの低所得であったり、家族・人間関係、アルコール等の各種依存症、精神疾患、前出で詳細に取り上げた虐待、自炊や家事など身の回りのことなどで問題を抱えている者等が対象となります。施設の主な目的はそうした高齢者の「養護」であり、自立した日常生活を送り、社会活動に参加できるようにするための支援をする施設です。

　その一方、前出の介護保険の章で説明されているとおり、介護保険

制度における介護保険施設である特別養護老人ホーム（特養）は、65歳以上の者であって、身体上又は精神上著しい障害があるために常時の介護を必要とし、かつ、居宅においてこれを受けることが困難なものを入所させ、養護することを目的とする施設とされています。

　養護老人ホームが老人福祉法を根拠に設置され「福祉」の枠組みで運営されているのに対し、特別養護老人ホームは老人福祉法を根拠に設置されているものの、介護保険制度の枠組みの中で運用されているという違いがあります。

（2）措置から契約へ

　戦後の福祉サービスは、行政が給付決定から提供までを担う措置制度（行政処分という形で要援護者にサービスを提供し、その費用を公費で負担する制度）の下で提供されてきました。主なサービスの提供主体は行政と社会福祉法人でした。

　しかし、社会経済の成熟化に伴い、福祉サービスへのニーズは多様化・高度化し、福祉サービスの供給もこれに対応することが必要となりました。そのためには、多様なニーズに応じたサービスを提供するための制度づくり、すなわち、画一的・標準的なサービスを提供する行政を主体とした供給体制からNPOや民間企業を含むサービス提供主体の多元化が求められました。

　こうした中、2000年に介護保険制度が導入されました。介護保険制度においては、介護サービスの提供の制度が「措置制度」から「契約制度」へと転換し、利用者がいわゆる消費者として、自己決定の下に利用・選択する制度に変わりました。

　そのような中にあって、養護老人ホームは「措置制度」で運用され

ています。例えば、高齢者が知的・精神的に適切な自己決定ができないケースや、元気高齢者で低所得であるものの支援を行うことで自立した日常生活を送り、社会活動に参加できるようになることを目指すケースなどの場合、適切に措置制度を活用することが必要であると考えられますが、以下で見るように措置控えとも指摘される状況があるとされています。

（3）一般財源化・措置控え？

「三位一体の改革」は、2005年、「地方にできることは地方に」という理念の下、国の関与を縮小し、地方の権限・責任を拡大して、地方分権を一層推進することを目指し、国庫補助負担金改革、税源移譲、地方交付税の見直しの3つを一体として行われました。

このうち、税源移譲（国民が国へ納める国税を減らし、都道府県や市町村に納める地方税を増やすことで、国から地方へ税源を移すこと）によって、国から地方へ3兆円の税源が移譲されました。

こうした改革によって、地方公共団体の行政サービスに対する住民の受益と負担との対応関係が明確となり、国庫補助負担金などを通じた国の地方への種々の関与の度合いが低下し、住民の選択による財政規律の向上や、行政運営上の効率化が図られやすくなるとされました。

この改革の中に、厚生労働省所管の各種負担金が含まれており、養護老人ホーム保護費負担金や整備負担金も含まれ、地方公共団体の一般財源とされました。

一般財源化以前は国の負担分が半分、市町村等が半分で運営されていましたが、一般財源後は全額市町村等の負担となるため、財政が厳しい市町村等においては養護老人ホームの財源分を他施策に用いるた

め、養護老人ホームの入所措置を手控えるようになったのではないかとの指摘もなされているところです。

（4）虐待対応

前出の高齢者虐待のケースにおいて、通報等の内容や事実確認によって高齢者の生命又は身体に重大な危険が生じているおそれがあると認められるなど、高齢者に対する養護者による高齢者虐待の防止及び当該高齢者の保護を図るうえで必要があり、低所得世帯等で「自立」または「要支援」に該当する高齢者の場合は、養護老人ホーム等への措置を適切に講じることも充分に考えられます。

高齢者虐待への対応において権利擁護の観点から、適切な措置の選択肢の一つとして養護老人ホームの活用を想定しておくことも必要です。

（5）養護老人ホームの適切な活用を！

養護老人ホームは2018年3月現在、全国に975施設あるものの、これは1,700強ある市町村数の5割強にしか相当しないことから、地域によっては養護老人ホームが当該市町村内に存在せず、養護老人ホームが身近な社会資源と認識されていないこともあるのではないかとされています。

また、市町村等の財政負担があること、空床がなく措置できないこと、入所判定委員会の開催など措置の手続に時間を要することなどによって、市町村の措置制度活用の認識に差が生じているとも言われています。

各高齢福祉事務担当者においては、措置制度への理解を深め、当該

制度を適切に有効活用していくことも高齢者の権利擁護の観点から必要ではないかと指摘されています。

参考文献

・一般財団法人日本総合研究所『養護老人ホーム及び軽費老人ホームの新た
　な役割の効果的な推進方策に関する調査研究事業報告書』2019年3月
・河合克義ほか『高齢者の生活困難と養護老人ホーム』法律文化社2019年
・厚生労働省『「高齢者虐待の防止、高齢者の養護者に対する支援等に関する
　法律に基づく対応状況等に関する調査」の結果及び高齢者虐待の状況等を
　踏まえた対応の強化について（通知）』（各年度版）
・厚生労働省『市町村・都道府県における高齢者虐待への対応と養護者支援
　について（平成30年3月改訂）』
・厚生労働省『令和元年度「高齢者虐待の防止、高齢者の養護者に対する支
　援等に関する法律」に基づく対応状況等に関する調査結果』
・社団法人日本社会福祉士会『養介護施設従事等による高齢者虐待対応の手
　引き』中央法規出版2012年
・社団法人日本社会福祉士会『養護者による高齢者虐待対応の手引き』第2
　版　中央法規出版2020年

Column

高齢者虐待相談・通報件数が多いのは悪いこと?

　高齢者虐待の相談・通報件数は年々増加傾向にあります。高齢者福祉担当課に配属された場合、そうした相談・通報を直接あるいは地域包括支援センター経由で受けるケースも充分に考えられます。これらの相談・通報件数が多いことは、良くないことなのでしょうか。

　虐待をしている者は虐待を隠そうとしたり、自覚がないままに虐待を行っている可能性もあります。また、虐待を受けている高齢者は認知症の傾向を有しているなど虐待を受けた事実を正確に認識できていない可能性もあり、周囲が虐待に気付いた頃には深刻な事態に陥っていたということも考えられます。

　そうしたことからも、もしかして虐待かもしれないといった段階で、相談・通報できる環境の整備が必要です。厚生労働省では、高齢者虐待防止対応のための体制整備等を自治体に求めていますが、まだ未整備の取組項目の多い自治体もあるようです。

　同省の調査によれば、高齢者虐待防止のための取組項目を増やし、体制整備を充実させるほど、相談・通報件数も増える傾向があるとされています。したがって、相談・通報件数が多いことは「虐待の未然防止、虐待の初期段階から対応している証左」として、むしろ評価する姿勢が必要なのではないでしょうか。

第6章

高齢者の生きがい対策・
在宅福祉サービスと
地域福祉

1 高齢者の生きがい対策・在宅福祉サービス

（1）高齢者とは

　高齢者に関する基本的な法律として、「高齢社会対策基本法」や「老人福祉法」があります。しかし、法律上では、高齢者の定義として、年齢が明確化されていません。老人福祉法では、福祉の措置として、「65歳以上の者」と定義しています。また、軽費老人ホームは、「60歳以上の者」を対象者としています。60歳を定年としてきたことや年金支給開始の時期など、従来から行われてきた事業は60歳を基準とするケースが多いが、介護保険制度をはじめ、近年に開始した事業は、65歳を基準とする場合が多いと考えられます。

（2）老人福祉法における高齢者の生きがい対策の理念

　老人福祉法では、基本的理念と老人福祉増進の責務として、次の内容が規定されており、各市町村では、各種生きがい対策事業を実施しています。

（基本的理念）
第2条　老人は、多年にわたり社会の進展に寄与してきた者として、かつ、豊富な知識と経験を有する者として敬愛されるとともに、生きがいを持てる健全で安らかな生活を保障されるものとする。

（老人福祉増進の責務）

第4条　国及び地方公共団体は、老人の福祉を増進する責務を有する。

2　国及び地方公共団体は、老人の福祉に関係のある施策を講ずるに当たつては、その施策を通じて、前2条に規定する基本的理念が具現されるように配慮しなければならない。

（3）老人クラブ

　老人クラブは、老人福祉法第13条で規定されており、地域を基盤とする高齢者の自主的な組織です。近年、高齢者施策は、地域包括ケアシステムが大きなテーマとなっていますが、いわゆる自助や互助においては、高齢者が支援を受けるのみならず、高齢者が自ら行うことや、高齢者が助ける側にまわることを想定しています。また、全世代を対象とした、地域共生社会についても、「支え手」「受け手」という関係を超えることを前提としています。このことから、地域において、高齢者が活躍する取組みを推進するにあたり、老人クラブに対する行政の支援は重要です。

（老人福祉の増進のための事業）

第13条　地方公共団体は、老人の心身の健康の保持に資するための教養講座、レクリエーションその他広く老人が自主的かつ積極的に参加することができる事業（以下「老人健康保持事業」という。）を実施するように努めなければならない。

2　地方公共団体は、老人の福祉を増進することを目的とする事

> 業の振興を図るとともに、老人クラブその他当該事業を行う者
> に対して、適当な援助をするように努めなければならない。

　「老人クラブ活動等事業の実施について（平成13年10月１日　老発第390号）（局長通知）」では、老人クラブ活動等事業実施要綱が示されています。

　年齢は60歳以上とし、クラブの会員の規模は、30人以上としています。近年、会員の高齢化の影響で、町会や自治会の加入率の低下と同様、老人クラブに加入される方は、高齢者人口の増加とは異なり、減少傾向です。このことを踏まえ、厚生労働省では、人数要件の弾力的な運用を示しています。

平成２年度　全国介護保険・高齢者保健福祉担当課長会議　資料より一部抜粋

　国庫補助の対象となる老人クラブの会員規模については、会員の高齢化等により会員数が減少して要件に満たないクラブが発生していることを踏まえて、実施要綱において既に弾力的な運用を認めているところである。

　（省略）

　「おおむね30人以上」という基準を一律に適用することのないように御配慮願いたい。

　また、老人クラブの活動支援やクラブ相互の連携などを目的として、市町村、都道府県・指定都市ごとで老人クラブ連合会を組織しています。また、全国規模の組織として、全国老人クラブ連合会が設置されています。

老人クラブに関する費用は、国庫補助（在宅福祉事業費補助金）の対象で、国・都道府県・市町村がそれぞれ１／３（指定都市・中核市は国１／３、市２／３）となります。事業費の積算にあたっては、上記人数要件を踏まえ、市町村老人クラブ連合会との連携を図ることが重要です。

クラブの活動内容は、局長通知のほか、全国老人クラブ連合会（以下「全老連」という。）において、「健康・友愛・奉仕「全国三大運動」推進要綱」

図6-1　新地域支援事業に向けての行動提案

※全老連HPより

の中で、「健康活動」「友愛活動」「奉仕（ボランティア）活動」の３つが例示されています。

近年では、平成27年度の介護保険制度改正を受けて、全老連が「新地域支援事業に向けての行動提案」を示し、介護予防・日常生活支援総合事業における住民主体サービスに対して、各老人クラブが積極的に参画するよう促しています。そのため、高齢者事業と介護保険事業の所管部署が異なる場合は、必要な情報を把握するとともに、老人クラブが住民主体のサービスの導入を検討している場合は、介護保険事業（または介護予防事業）の担当と連携を図っていくことが必要です。

（4）老人福祉センター

高齢者自らが活動する場を提供する事業として、老人福祉法第20条の７で、老人福祉センターが規定されています。

（老人福祉センター）

第20条の7　老人福祉センターは、無料又は低額な料金で、老人に関する各種の相談に応ずるとともに、老人に対して、健康の増進、教養の向上及びレクリエーションのための便宜を総合的に供与することを目的とする施設とする。

　センターの具体的内容は、「老人福祉法による老人福祉センターの設置及び運営について（昭和52年8月1日　社老第48号）（局長通知）」において、3つの類型（特A型、A型、B型）が示されています。

　近年は、施設数が減少傾向にあるため、施設の整備の機会はないと思われますが、施設の整備にあたっては、建築関係の手続きのほか、消防関係（防火管理者等）、浴場を整備する場合は公衆浴場営業許可に関する手続きが必要です。特に、消防関係は、施設開設後も、所長の変更などにより、手続きが必要なため、注意が必要です。

　利用者のニーズは、入浴サービスやカラオケを好む傾向にありましたが、近年は、スーパー銭湯の普及や健康志向を受けて、入浴サービスやカラオケよりも、健康づくり、介護予防関係の人気が高いです。

　施設運営の手法として、指定管理制度を導入する自治体もあります。また、利用促進に向けた移動支援（例えば、送迎バスの運行や公共交通機関のバスの利用券配布等）を実施する自治体もあります。移動支援の事業は、高齢者人口の増加に伴い、年々、費用の増加が予想されるため、自治体によっては、事業見直しが必要でありますが、市民や議会への説明を想定し、将来的な制度設計、他自治体の動向を踏まえることが重要です。

表6-1　老人福祉センターの類型

区分		特A型	A型	B型
運営主体		市区町村	地方公共団体又は 社会福祉法人	
利用料		原則として無料とする。		
事業	（1）各種相談（生活相談・健康指導）	○		
	（2）健康増進に関する指導	○		
	（3）生業及び就労の指導	○		
	（4）機能回復訓練の実施	○		
	（5）教養講座等の実施	○		
	（6）老人クラブに対する援助等	○		
建物等	建物の規模	800m² 以上	495.5m² 以上	495.5m² 未満
	設備			
	所長室、事務室、生活相談室、健康相談室、機能回復訓練室、教養娯楽室、図書室、浴場、便所	○	○	管理人室、生活相談室、健康相談室、教養娯楽室、集会室、便所
	集会（及び運動指導）室	○	○	
	診察室、栄養指導室、保健資料室	○		
施設数（2019年10月1日現在） ※平成元年社会福祉施設等調査より		237	1,320	440

※局長通知より筆者オリジナルに作成

💬（5）老人の日・老人週間

　老人福祉法第5条で、老人の日及び老人週間が規定されています。敬老の日は、国民の祝日に関する法律で9月第3月曜日ですが、以前は9月15日でした。

（老人の日及び老人週間）

第5条　国民の間に広く老人の福祉についての関心と理解を深めるとともに、老人に対し自らの生活の向上に努める意欲を促すため、老人の日及び老人週間を設ける。

2　老人の日は9月15日とし、老人週間は同日から同月21日までとする。

3　国は、老人の日においてその趣旨にふさわしい事業を実施するよう努めるものとし、国及び地方公共団体は、老人週間において老人の団体その他の者によつてその趣旨にふさわしい行事が実施されるよう奨励しなければならない。

　国では、老人の日の記念事業として、毎年、年度中に100歳を迎える方に、内閣総理大臣からお祝い状及び記念品を贈呈しています。市町村事務としては、対象者の所在や氏名の確認、国からお祝い状等を受け取った後に対象者への贈呈事務があります。特に、高齢化の進展に伴い、対象者数は増加していることから、郵送代、家族への電話連絡等の事務量といった点に留意する必要があります。

（6）敬老行事（敬老祝金）

　一部の自治体では、喜寿や米寿など、節目でお祝い金を贈呈する事業を実施しています。介護保険財政を含め、高齢者に係る事業費が増加している状況に鑑み、事業見直しを進めるうえで、この事業がターゲットになることが考えられます。条例で規定している場合、条例改正が必要ですが、金額設定や対象年齢など、明確な根拠を見出すこと

は容易ではありません。自治体によっては、見直しに係る議案を否決
されたケースもありますので、注意が必要です。

（7）敬老行事（敬老会）

　老人の日にあわせて、実施する敬老行事の代表例として、敬老会が
あります。市で実施のほか、社会福祉協議会、自治会など、実施主体
は自治体によって様々です。市直接や委託以外に、実施団体への助成
方式の場合もあります。

　さきほどの敬老祝金と同様に、対象者数の増加や会場の確保、参加
者数、参加率を踏まえ、事業の実施方法の見直しや事業廃止を検討す
ることも考えられます。

（8）在宅福祉サービス

　平成2年の福祉関係八法の改正では、在宅福祉サービスの法定化が
され、当時は、日常生活用具給付等事業が位置づけられました。平成
12年の介護保険制度のスタートに伴い、在宅福祉サービスの大半は介
護保険で対応していますが、介護保険制度に移行しなかったサービス・
支援の一部が、在宅福祉サービスとして、引き続き、各市町村におい
て取り組まれていると思います。このような事業は、2000年代に実施
された、三位一体の改革により、補助金廃止・税源移譲となったケー
スが多いと思われます。また、平成18年度に創設された地域支援事業
に伴い、自治体によっては類似する事業の見直しや廃止とした場合も
あります。

　近年では、認知症保険を扱う自治体もあります。新規事業への着手

は、ニーズの把握もさることながら、昨今の厳しい財政状況を踏まえ、既存事業の見直しとあわせて行うことが重要です。なお、各自治体が取り組む、在宅福祉サービスの主な事業は、次のものが挙げられます。

- ・配食サービス
- ・緊急通報システム
- ・寝具乾燥サービス
- ・訪問理美容サービス
- ・紙おむつ支給
- ・公衆浴場等への利用助成
- ・敬老マッサージ
- ・在宅の重度要介護者向け手当

2　地域福祉（民生委員）

（1）高齢者の生活を見守る重要な存在、民生委員

　高齢者の単身世帯や高齢者のみ世帯が増加する中、高齢者の見守りは大変重要です。制度上、地域包括支援センターが大きな役割を担っていますが、センターがカバーするエリアは、中学校区域や高齢者人口3,000人から6,000人が一般的です。より小地域を単位とする民生委員は、高齢者の生活を見守る、重要な存在であるといえます。

　老人福祉法では、民生委員について、次のように規定しています。

（民生委員の協力）

第9条　民生委員法（昭和23年法律第198号）に定める民生委員は、この法律の施行について、市町村長、福祉事務所長又は社会福祉主事の事務の執行に協力するものとする。

（2）民生委員の始まり

　岡山県で1917年に誕生した「済世顧問制度」を始まりとしています。1946年に、民生委員令の公布により、名称が民生委員に改められました。民生委員法第1条では、「社会奉仕の精神をもつて、常に住民の立場に立つて相談に応じ、及び必要な援助を行い、もつて社会福祉の増進に努めるものとする」としており、制度創設以降、隣人愛と社会奉仕の精神に基づき活動しています。

（3）民生委員の職務は

　民生委員法第14条では、民生委員の職務について、次の内容を規定しています。

第14条　民生委員の職務は、次のとおりとする。
　一　住民の生活状態を必要に応じ適切に把握しておくこと。
　二　援助を必要とする者がその有する能力に応じ自立した日常生活を営むことができるように生活に関する相談に応じ、助言その他の援助を行うこと。
　三　援助を必要とする者が福祉サービスを適切に利用するために必要な情報の提供その他の援助を行うこと。
　四　社会福祉を目的とする事業を経営する者又は社会福祉に関する活動を行う者と密接に連携し、その事業又は活動を支援すること。
　五　社会福祉法に定める福祉に関する事務所（以下「福祉事務所」という。）その他の関係行政機関の業務に協力すること。
　2　民生委員は、前項の職務を行うほか、必要に応じて、住民の福祉の増進を図るための活動を行う。

　民生委員は、援助が必要な方を把握・相談に応じたうえで、各種福祉サービスや支援に関する情報提供を行い、必要に応じて、行政や専門機関につなぐ役割を担っています。また、つないだ後も、継続的に見守ることもあり、地域福祉活動において、現在の地域福祉の推進において、欠かせない存在です。
　また、民生委員法以外にも関係法令で職務が規定されています。

表6-2　民生委員法以外の関係法令（一例）

老人福祉法	第9条
生活保護法	第22条
身体障害者福祉法	第12条の2
知的障害者福祉法	第15条
売春防止法	第37条

（4）民生委員の身分・報酬・任期

　民生委員は、厚生労働大臣から委嘱された非常勤の地方公務員です。また、児童福祉法の規定により、児童委員を兼ねています。民生委員法第10条では、給与を支給しないものと規定しています。ただし、活動費（交通費、通信費、研修参加費など）は支給されます。任期は、3年と規定されています。

（5）児童委員について

　民生委員は、児童福祉法第16条第2項に基づき児童委員を兼ねています。同法第17条では、児童委員の職務について、次の内容を規定しています。

第17条　児童委員は、次に掲げる職務を行う。
　一　児童及び妊産婦につき、その生活及び取り巻く環境の状況を適切に把握しておくこと。
　二　児童及び妊産婦につき、その保護、保健その他福祉に関し、サービスを適切に利用するために必要な情報の提供その他

の援助及び指導を行うこと。

三　児童及び妊産婦に係る社会福祉を目的とする事業を経営
する者又は児童の健やかな育成に関する活動を行う者と密
接に連携し、その事業又は活動を支援すること。

四　児童福祉司又は福祉事務所の社会福祉主事の行う職務に
協力すること。

五　児童の健やかな育成に関する気運の醸成に努めること。

六　前各号に掲げるもののほか、必要に応じて、児童及び妊産
婦の福祉の増進を図るための活動を行うこと。

（6）主任児童委員

　主任児童委員は、児童福祉法に基づき、児童福祉に関する事項を専
門に担当する委員です。

児童福祉法　第16条第3項
厚生労働大臣は、児童委員のうちから、主任児童委員を指名する。

　主任児童委員は、児童福祉関係機関との連携、各区域を担当する児
童委員の活動支援を行います。基本的には、個別世帯の指導援助等は
行いません。

図6-2 民生委員・児童委員、主任児童委員の活動について

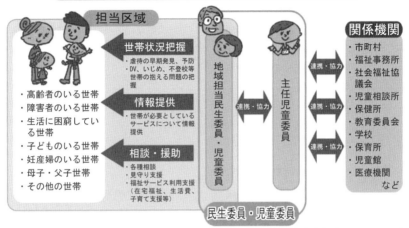

※政府広報オンラインより

🗨 （7）民生委員に関する行政の業務

　ここまでは、民生委員の概要を示してきましたが、ここからは行政が行う業務について触れていきます。大きく分類すると「委員の選任」「委員等の活動支援」の2つと考えます。

① 委員の選任

・定数

　委員の選任にあたり、各市町村の委員の定数は都道府県の条例で定めています。ただし、指定都市・中核市は市の条例で定めます。定数の基準として、「民生委員・児童委員の定数基準について（平成25年7月8日　雇児0708第9号　社援発0708第7号）（局長通知）」で次の表が示されています。

表6-3　民生委員・児童委員配置基準表

区分	配置基準
1　東京都区部及び指定都市	220から440世帯に委員1人
2　中核市及び人口10万人以上の市	170から360世帯に委員1人
3　人口10万人未満の市	120から280世帯に委員1人
4　町村	70から200世帯に委員1人

また、主任児童委員については、同通知で次の表が示されています。

表6-4　主任児童委員配置基準表

民生委員協議会の規模	主任児童委員の定数
民生委員・児童委員の定数39人以下	2人
民生委員・児童委員の定数40人以上	3人

　委員のなり手不足への対応を課題とする自治体が多いと思われます。原則、国が示した配置基準をベースとしますが、区域を細分化した場合、空白地区を増やす可能性もあります。定数の変更を検討する際は、地域の実情を踏まえることが必要です。

・年齢要件

　法令で年齢要件は定めていませんが、「民生委員・児童委員の選任について（平成22年2月23日　雇児発0223第1号　社援発0223第2号）（局長通知）」で、「将来にわたって積極的な活動を行えるよう75歳未満の者を選任するよう努めること」としている一方、同通知内で「なお、年齢要件については、地域の実情を踏まえた弾力的な運用が可能なものであるので留意すること」としています。先に述べたなり手不足を踏まえ、検討する必要があります。

・推薦までの手続き

　委員の活動は、小地域であることから、候補者の推薦は、町会・自治会（以下「自治会等」）への依頼が一般的です。委員の区域は一つの自治会等で1人の場合もあれば、複数の自治会等で1人が担当する区域、自治会等の規模が大きいため、自治会等を分割して複数人で担当など、様々です。

　また、主任児童委員は特定の区域を持たない（地区協議会のエリアを担当）ため、関係団体（子ども会やPTAなど）との協議の場において、候補者を推薦していただく方法が考えられます。

　委員の候補者は、市町村に設置された民生委員推薦会（以下「推薦会」という。）で審議された後、都道府県知事が地方社会福祉審議会の意見を踏まえ、厚生労働大臣に推薦します。

図6-3　民生委員・児童委員の委嘱の流れ

●候補者	町会・自治会などで推薦、公募による応募など

●市町村の民生委員推薦会（※1）	民生委員・児童委員にふさわしい人を都道府県知事に推薦

●都道府県知事	地方社会福祉審議会（※2）の意見を踏まえ、厚生労働大臣に推薦

●厚生労働大臣	民生委員・児童委員の委嘱

●民生委員・児童委員

※1：民生委員候補者を知事に推薦するため、市区町村に設置される委員会。市町村議会の議員、民生委員、社会福祉事業関係者、社会福祉関係団体の代表者、教育関係者、関係行政機関の議員、学識経験者の7分野による委員で構成。

※2：社会福祉に関する事項について調査・審議するため、都道府県や指定都市・中核市に設置される審議会。都道府県議会の議員、社会福祉事業従事者、学識経験者などの中から都道府県知事（指定都市・中核市は市長）が任命する委員で構成。

※政府広報オンラインより

・一斉改選

　委員の任期は3年で、全国統一で12月1日を基準としています。自治体規模によっては、相当数の委員が必要となりますので、所管課における当該年度の大きな事業となります。

　市町村から国へ推薦する時期は、9月下旬から10月上旬であることから、推薦会開催については、議会日程を踏まえたスケジュール作成が重要です。

　また、委員への委嘱の交付は首長自らが行います。推薦の際と同様、議会日程や次年度当初予算の編成作業、交付式の会場確保など、留意が必要です。

　なお、委員委嘱は、辞令は大臣からですが、都道府県知事（指定都市・中核市は市長）が担当区域を定めて辞令を交付することから、辞令は2通必要となります。

「民生委員・児童委員の選任について（昭和37年8月23日　発社第285号）（事務次官通知）」より一部抜粋

第二　委嘱に関する事項

　三　委嘱方法

　　（2）　民生委員は、厚生大臣から委嘱せられ、様式第1号による辞令が交付されるのであるが、辞令の伝達は都道府県知事又は指定都市若しくは中核市の市長において行うこと。

　　　　また、都道府県知事又は指定都市若しくは中核市の市長は、民生委員・児童委員の担当区域を定め、様式第2号による辞令を交付すること。

---

②　委員等の活動支援

・民生委員協議会

　民生委員法第20条では、町村はその区域を１区域として、市は数区域に分けて、協議会を設置することとしています。各協議会は、毎月、市民会館等を会場に定例会を開催し、情報共有や研修等を行っています。行政職員は定例会に出席し、資料の配布等を行います。

　また、法令では設置義務はありませんが、市の区域で協議会を設置し、各地区の協議会との連携・調整を行っています。行政職員は、事務局機能を担うケースが多く、総会や協議会の予算、会計処理といった業務が想定されます。

・委員への助言等

　民生委員は、いわゆる地域活動のボランティアという性質で、基本的スタンスは、つなぎ役という立場です。志が高い方が多いため、様々な相談を受ける中で、多くの支援をしたいと思う委員もいると思いますが、無理のない範囲で活動することも重要で、掃除や洗濯といった、生活援助は必須ではありません。各種手続きの保証人になる必要もありません。金銭に関わる支援は、トラブルになりやすいので、原則、行わないこととしています。

　2019年12月の一斉改選では、全体の３割が新任委員でした。委員活動への不安を感じる方もいますので、定例会への出席時や電話での問い合わせなど、適切なアドバイスが効果的です。

「令和元年度民生委員・児童委員の一斉改選結果について（令和
２年１月10日）（報道発表）」より一部抜粋
　〈改選結果〉

○　定数：239,682人　　　○　委嘱数：228,206人

うち新任委員　71,747人

・ハンドブック等の作成

　少子高齢化や核家族化の影響を受けて、ご近所づきあいといった、地域におけるコミュニティが希薄化する中、地域住民が抱える悩み事が複雑化・多様化しています。民生委員が地域住民から受ける相談は多岐にわたることから、活動マニュアルやハンドブックなどを作成する自治体が増えてきています。

・個人情報関係

　民生委員は地方公務員であることから、個人情報保護法の適用対象ではありません。しかし、民生委員法では、守秘義務が課せられています。そのため、活動に必要な個人情報が適切に提供されることが望ましいです。しかしながら、昨今の個人情報保護の潮流を受けて、行政が情報を出し渋る傾向があると想定し、「児童委員、主任児童委員の活動に対する必要な情報提供等について（平成19年3月2日）（事務連絡）」において、必要な情報の提供への配慮をお願いしています。

　「児童委員、主任児童委員の活動に対する必要な情報提供等について（平成19年3月2日）（事務連絡）」より一部抜粋

　民生委員・児童委員、主任児童委員活動には、日頃から地域住民の状況を適切に把握しておくことが重要でありますが、一部の自治体におかれましては個人情報の保護に関する法律の施行や地域住民のプライバシー意識の高まりなどを受けて、民生委員・児童委員、主任児童委員に対しても情報提供に慎重となるあま

り、児童、妊産婦、母子家庭等の実情を把握するために必要な情報が届かず、児童虐待防止等の活動に支障が生じている地域があるとの報告を受けております。

　民生委員・児童委員、主任児童委員につきましては、民生委員法で守秘義務が規定されており、職務上を知りえた個人の身上に関する秘密は守られていることから、各自治体におかれましては、活動の重要性をご認識いただき、円滑な活動に必要な情報の提供につき特段のご配慮をお願いいたします。

参考文献

※社会福祉施設等調査（厚生労働省　2019年10月 1 日現在）

民生委員・児童委員への気遣い！

　民生委員・児童委員の一斉改選は、本当に大きな事業です。各自治会長へ選出依頼を発出し、改選時期から半年前の段階で、定数の２割が埋まっていない状況（越谷市の場合、令和元年12月の一斉改選は、委員定数453人に対して、６月末で101名が欠員）で、退任予定者の委員や欠員エリアの自治会長と、直接、調整するなど、地道な活動を経て、改選前の委員数の委嘱となりました。近年は、自治会が設立されていない地域（例えば大規模集合住宅等）もあるため、なかなか依頼先が定まらないこともあり、広報紙での公募など、担当者が知恵を出し、欠員解消に努めました。

　委員の活動の一つに、継続的な見守りがありますが、活動実績の多くは、高齢者が対象です。そのため、高齢者の総合相談窓口である地域包括支援センターと、民生委員・児童委員のつながりを常に意識しています。越谷市では、公共施設（地区センター）内に地域包括支援センターの設置を進めています。また、センター内の会議室で民生委員・児童委員協議会を開催しているので、民生委員・児童委員が地域包括支援センターへ気軽に相談できる、また、協議会へ包括職員が参加しやすい環境を整備し、連携強化を図っています。

　また、民生委員や地域包括支援センターの関係者が、市役所へ来庁された際、ちょっとしたことでもお話を伺うことで、皆様との心の距離が近くなり、何かの折に、お願い事もしやすくなります。

第7章

地域包括ケアシステムの
実現に向けた地域包括
支援センターの役割

1 地域包括ケアシステムと 地域包括支援センター

　地域包括ケアシステムとは、要介護状態となっても、住み慣れた地域で尊厳をもって、自分らしい生活を最後まで続けることができるように、地域内で助け合う体制のことで、厚生労働省は2025年を目途にその実現を目指しています。

　地域包括支援センターは、2006年の介護保険制度改正で、地域住民の医療と保健の向上、福祉の増進に向けた支援を包括的に行うことを目的に設置されました。現在、地域包括ケアの実現に向けた中核的な機関として、高齢者の生活を支える重要な役割を果たしており、今後も安定的な運営が求められます。

　本章の図表等は厚生労働省ホームページより引用しています。見にくい場合は下記を参照してください。

https://www.mhlw.go.jp/stf/seisakunitsuite/bunya/hukushi_
kaigo/kaigo_koureisha/chiiki-houkatsu/

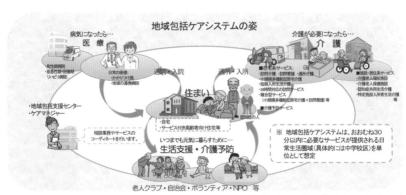

出典：厚生労働省のホームページ

2　地域包括支援センターとは

　地域包括支援センターとは、介護保険法第115条の46第 1 項におい
て、「地域住民の心身の健康の保持及び生活の安定のために必要な援
助を行うことにより、その保健医療の向上及び福祉の増進を包括的に
支援することを目的とする施設」と定義されており、高齢者が住み慣
れた地域で、安心して生活を続けられるために包括的に支援する重要
な役割を担っています。地域包括支援センターには、保健師、社会福
祉士、主任介護支援専門員等の専門職が配置され、公正・中立的な立
場から、地域高齢者の自立支援にむけた中核的な機関として、総合的
なマネジメント機能を担っています。

　（介護保険法　第115条の46第 1 項（地域包括支援センター））
　地域包括支援センターは、第一号介護予防支援事業（居宅要支援
　被保険者に係るものを除く。）及び第115条の45第 2 項各号に掲
　げる事業（以下「包括的支援事業」という。）その他厚生労働省
　令で定める事業を実施し、地域住民の心身の健康の保持及び生活
　の安定のために必要な援助を行うことにより、その保健医療の向
　上及び福祉の増進を包括的に支援することを目的とする施設と
　する。

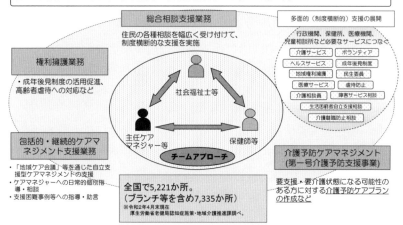

地域包括支援センターについて

地域包括支援センターは、市町村が設置主体となり、保健師・社会福祉士・主任介護支援専門員等を配置して、住民の健康の保持及び生活の安定のために必要な援助を行うことにより、地域の住民を包括的に支援することを目的とする施設。（介護保険法第115条の46第1項）

総合相談支援業務

住民の各種相談を幅広く受け付けて、制度横断的な支援を実施

社会福祉士等

権利擁護業務

・成年後見制度の活用促進、高齢者虐待への対応など

主任ケアマネジャー等　　保健師等

チームアプローチ

包括的・継続的ケアマネジメント支援業務

・「地域ケア会議」等を通じた自立支援型ケアマネジメントの支援
・ケアマネジャーへの日常的個別指導・相談
・支援困難事例等への指導・助言

全国で5,221か所。
（ブランチ等を含め7,335か所）
※令和2年4月末現在
　厚生労働省老健局認知症施策・地域介護推進課調べ。

多面的（制度横断的）支援の展開

行政機関、保健所、医療機関、児童相談所など必要なサービスにつなぐ

介護サービス	ボランティア
ヘルスサービス	成年後見制度
地域権利擁護	民生委員
医療サービス	虐待防止
介護相談員	障害サービス相談

生活困窮者自立支援相談

介護離職防止相談

介護予防ケアマネジメント（第一号介護予防支援事業）

要支援・要介護状態になる可能性のある方に対する介護予防ケアプランの作成など

出典：厚生労働省ホームページ

3 地域包括支援センターの委託状況

　2020（令和２）年４月現在、地域包括支援センターは全国に5,221カ所設置されており、年々微増しています。また設置主体は市町村ですが、社会福祉法人、社会福祉協議会、医療法人等の、市町村から委託を受けた法人も設置することができ、委託の割合は78.9％を占めるとともに、その割合は年々増加傾向となっています。

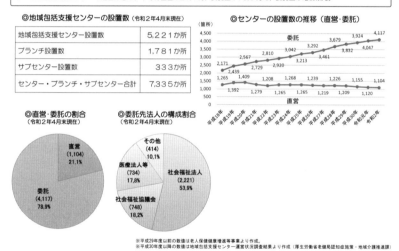

地域包括支援センターの設置状況

○　地域包括支援センターはすべての市町村に設置されており、全国に5,221か所。（令和２年４月末現在）
○　地域包括支援センターの運営形態は、市町村直営が21.1％、委託型が78.9％で、委託型が増加傾向。

◎地域包括支援センターの設置数（令和２年４月末現在）

地域包括支援センター設置数	5,221か所
ブランチ設置数	1,781か所
サブセンター設置数	333か所
センター・ブランチ・サブセンター合計	7,335か所

※平成29年度以前の数値は老人保健健康増進等事業より作成。
※平成30年度以降の数値は地域包括支援センター運営状況調査結果より作成（厚生労働省老健局認知症施策・地域介護推進課）

出典：厚生労働省ホームページ

※１　ブランチ：住民の利便性を考慮し、地域住民からの相談を受け付け、集約したうえで、地域包括支援センターにつなぐための「窓口」

※２　サブセンター：本所となる地域包括支援センターが統括機能を発揮し、それぞれの支所が４機能を適切に果たすセンター

4　地域包括支援センターの役割・業務

地域包括支援センターの役割である、「地域支援事業」は、介護予防や要介護状態等となった場合でも、高齢者が可能な限り、住み慣れた地域で自立した日常生活を営むための支援です。地域支援事業は、正確な課題把握のためのニーズ調査や地区の特性把握、インフォーマルケアを含めた社会資源との協力体制が求められます。

基本チェックリスト

No.	質問項目	回答（いずれかに○をお付け下さい）	
1	バスや電車で1人で外出していますか	0.はい	1.いいえ
2	日用品の買物をしていますか	0.はい	1.いいえ
3	預貯金の出し入れをしていますか	0.はい	1.いいえ
4	友人の家を訪ねていますか	0.はい	1.いいえ
5	家族や友人の相談にのっていますか	0.はい	1.いいえ
6	階段を手すりや壁をつたわらずに昇っていますか	0.はい	1.いいえ
7	椅子に座った状態から何もつかまらずに立ち上がっていますか	0.はい	1.いいえ
8	15分位続けて歩いていますか	0.はい	1.いいえ
9	この1年間に転んだことがありますか	1.はい	0.いいえ
10	転倒に対する不安は大きいですか	1.はい	0.いいえ
11	6カ月間で2〜3kg以上の体重減少がありましたか	1.はい	0.いいえ
12	身長　　　cm　体重　　　kg（BMI＝　　　）（注）		
13	半年前に比べて固いものが食べにくくなりましたか	1.はい	0.いいえ
14	お茶や汁物等でむせることがありますか	1.はい	0.いいえ
15	口の渇きが気になりますか	1.はい	0.いいえ
16	週に1回以上は外出していますか	0.はい	1.いいえ
17	昨年と比べて外出の回数が減っていますか	1.はい	0.いいえ
18	周りの人から「いつも同じ事を聞く」などの物忘れがあると言われますか	1.はい	0.いいえ
19	自分で電話番号を調べて、電話をかけることをしていますか	0.はい	1.いいえ
20	今日が何月何日かわからない時がありますか	1.はい	0.いいえ
21	（ここ2週間）毎日の生活に充実感がない	1.はい	0.いいえ
22	（ここ2週間）これまで楽しんでやれていたことが楽しめなくなった	1.はい	0.いいえ
23	（ここ2週間）以前は楽にできていたことが今ではおっくうに感じられる	1.はい	0.いいえ
24	（ここ2週間）自分が役に立つ人間だと思えない	1.はい	0.いいえ
25	（ここ2週間）わけもなく疲れたような感じがする	1.はい	0.いいえ

（注）BMI（＝体重（kg）÷身長（m）÷身長（m））が18.5未満の場合に該当とする。

出典：厚生労働省老健局

地域支援事業には、「介護予防・日常生活支援総合事業」と「包括的支援事業」があります。介護予防・日常生活支援総合事業による訪問・通所型サービスや、介護予防事業の利用に関する相談は、初めに利用者が住む地域包括支援センターに寄せられます。地域包括支援センターでは、基本チェックリストにより、対象者の心身状態や日常生活の様子を把握し、対象者に必要な処遇を検討することで、住民主体サービスや高齢者の社会参加を推進しています。また、リハビリテーション専門職（理学療法士・作業療法士・言語聴覚士）を、老人クラブや介護予防教室、地域ケア会議等に派遣し、高齢者の日常生活改善に向けた具体的な評価、助言、指導を行うなど、総合的に介護予防事業を支援しています。

（1）地域包括支援センターが担う包括的支援事業

　地域包括支援センターは、以下の4つの包括的支援事業を担っています。

①　介護予防ケアマネジメント（第1号介護予防支援事業）

　介護予防ケアマネジメントは、支援や介護が必要な人に対して、要介護認定の手続きを行い、介護認定審査において「要支援1・2」と判定された高齢者には「介護予防ケアプラン」の作成支援を行い、介護予防サービスの利用方法など、高齢者本人の意思を尊重しながら継続的に支援します。また、要介護認定で「非該当」の判定が出た高齢者や、介護予防を希望する高齢者には、介護予防教室などを実施します。

②　総合相談支援業務

　厚生労働省は「地域共生社会」の実現に向けた取組を推進しています。地域共生社会とは、制度・分野の枠や、「支える側」「支えられる側」という関係を超えて、人と人、人と社会がつながり、一人ひとりが生きがいや役割を持ち、助け合いながら暮らしていくことのできる社会のことです。地域包括支援センターは、その実現に向けて、総合相談支援事業を展開しています。近年はさらに「重層的支援事業」への取組みも期待されています。

　総合相談支援業務は、総合相談窓口として、高齢者とその家族に対して、介護保険サービスだけでなく様々な相談に対応しています。最近近所の方を見かけない等、ご近所からの相談や安否確認、その他地域の民生委員や自治体と連携した支援を行うこともあります。また、近年は、ひとり暮らし高齢者や認知症高齢者の相談対応、生活困窮者

問題、8050問題など、複雑化・複合化した問題に対する包括的な相談、そして、ヤングケアラーやダブルケアラーと呼ばれる幅広い世代の介護者の相談が増えており、重層的な支援体制を充実する必要があります。「重層的支援体制事業」は、地域住民の複雑化・複合化した支援ニーズに対応する包括的な支援体制を構築するため、介護・障がい・子ども・生活困窮の枠を超えた支援を一体的に実施する事業（地域共生社会の実現のための社会福祉法等の一部を改正する法律（令和３年４月１日施行））で定められており、下記支援が求められます。

１．断らない相談支援…本人・世帯の属性にかかわらず受け止める相談支援

２．参加支援…就労支援、居住支援などを提供することで社会とのつながりを回復する支援

３．地域づくりに向けた支援…孤立を防ぎ、多世代交流や多様な活躍の機会と役割を生み出す支援

※8050問題：子どもの引きこもり状態が長期化して中高年となる一方、生活を支えてきた親も高齢化により収入が途絶えたり、病気や要介護状態になったりして家族が経済的に孤立・困窮する問題。象徴的な年代として「80代の親と50代の引きこもりの子」を意味している。

※ヤングケアラー：高齢や障がいのある家族の介護や世話をしている18歳未満の子どものこと。

※ダブルケアラー：育児をしながら介護もしている人、または複数の家族の介護や世話をしている人のこと。

③　権利擁護業務

　地域包括支援センターの役割のひとつが、高齢者の権利を守ることです。少子高齢化に伴う介護負担から、発生件数の増加が懸念される

高齢者虐待は、早期発見や防止に努めることが重要です。地域包括支援センターでは、民生委員や地域住民や関係機関と連携するための、虐待防止ネットワーク体制を構築しています。

　また、成年後見制度は、認知症や知的障がい、精神障がい等のために、判断力が十分でない人や、身寄りのない人の財産や権利を守り、支援する制度です。高齢者人口、特に後期高齢者人口の増加に伴い、成年後見制度の需要が今後ますます見込まれています。地域包括支援センターでは、成年後見制度に対する普及啓発や利用支援や手続き支援、さらに悪徳商法などの被害防止や対応など、高齢者の権利に関わる問題解決の支援を行います。

④　継続的ケアマネジメント支援業務

　包括的・継続的ケアマネジメント支援業務は、地域のケアマネジャーが抱える支援困難事例への支援や、研修会、高齢者支援のネットワークづくりを行います。

　地域ケア会議（平成27年度より介護保険法第115条の48に規定）は、地域包括ケアシステム構築の実現にむけた重要な自立支援型ケアマネジメント支援のツールです。主な構成員は、医師、歯科医師、薬剤師、看護師、管理栄養士等の専門職や、自治体職員、包括支援センター職員、ケアマネージャー、介護事業者、自治会、民生委員、ボランティア等です。

　地域ケア会議には「地域ケア個別会議」と「地域ケア推進会議」があります。地域ケア個別会議では、高齢者の自立のための支援を共有し、地域課題や資源の把握を行っています。また、地域ケア推進会議では、個別ケースの検討で明らかになった地域課題等をもとに、地域づくりや新たな資源の開発などに繋げることを目的に開催しています。

　地域ケア会議には①個別課題解決機能②ネットワーク構築機能③地域課題発見機能④地域づくり・資源開発機能⑤政策形成機能の５つの機能があります。地域ケア会議を通じて、自助・互助・共助・公助を組み合わせた地域のケア体制を整備し、地域包括ケアシステムの実現による、地域住民の安心・安全、ＱＯＬの向上が望まれます。

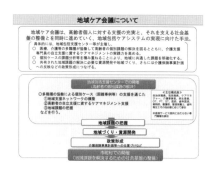

出典：厚生労働省ホームページ

（2）その他の包括的支援事業

　包括的支援事業は、これら地域包括支援センターの運営に加え、さらなる社会保障の充実を目指して下記の事業を推進しています。地域包括支援センターはそれらの連携など、機能強化が求められています。

① 在宅医療・介護連携推進事業

　医療と介護を必要とする在宅高齢者には、切れ目のない在宅医療と介護の提供が必要です。例えば、入退院支援、日常の療養支援、急変時の対応、看取り、認知症の対応力強化、感染症や災害時対応等、さまざま局面に対応できる体制が求められます。また、高齢者一人ひとりがどのような生活を送りたいかを話し合い、その実現のための手段を決めるための、ＡＣＰ（アドバンス・ケア・プラニング／人生会議）

等の情報も必要となるでしょう。さらに、地域の専門職との連携を図るための、資源の把握や多職種連携会議、研修体制等の強化をはじめ、

ICTを踏まえた24時間対応や専門職の情報共有等、多角的な連携構築が必要です。災害対策においても、医療や介護を必要とする高齢者等への支援や情報共有等、日頃の連携体制が求められます。

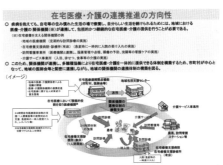

出典：厚生労働省ホームページ

② 認知症高齢者やその家族への支援

　地域共生社会の実現に向けて、認知症高齢者やその家族に向けた支援が望まれます。国は、認知症施策推進大綱（令和元年6月18日閣議決定）に基づき、認知症に関する正しい知識や理解の啓発や相談体制の構築等を推進しています。医療・介護の専門職からなる認知症初期集中支援チームによる早期診断・対応や、認知症地域支援推進員の配置による支援体制が求められます。地域包括支援センターでは、認知症サポーターの養成、認知症カフェの設置や、地域の認知症高齢者の見守り強化に加え、家族介護支援事業（任意事業）を実施しています。少子高齢化が進み、高齢者人口がピークに達する2025年には、3人の働き手が1人の認知症患者を支える「認知症社会」とも呼ぶべき時代が想定されています。今後は、より総合的に、地域の特性に応じた認知症施策の推進が求められるでしょう。

③ 生活支援体制整備

　団塊の世代が75歳以上となる令和7（2025）年に向けて、要介護リ

スクの高い後期高齢者人口の増加と同時に、単身世帯や高齢者夫婦世帯も増加し、生活支援のニーズが高まっていくことが予想されます。地域の関係団体で構成する協議体を定期的に開催し、生活支援コーディネーターを配置して地域のニーズや資源、社会資源の把握や開発、サービスの担い手の確保等を支援することは、世代を超えて「お互いさま」と思える地域共生社会の実現に繋がります。

（3）地域包括支援センターのさらなる機能強化

　地域包括ケアシステムの実現に向けて、これまで挙げた地域包括支援センターの運営に加え、協議会やPDCA（計画・実行・評価・改善）サイクルの充実による成果を情報公開する等、センターのさらなる機能強化が求められています。令和3年度介護報酬改定では、新型コロナウイルス感染症の影響が続く中、特にひとり暮らしの高齢者に対して、地域包括支援センター等の見守り強化による継続的な状況把握機能が明記されました。業務負担が大きいとされる介護予防ケアマネジメント業務については、居宅介護支援事業所等に個々のケアプランを委託して、適切な情報連携を行うことが推奨されています。また、KDBシステムを活用して医療、検診、介護情報を一体的に把握するための整備が推進されています。地域包括支援センターは、今後さらに効率的かつ効果的な事業運営が求められるでしょう。

※KDBシステム：国保保険者や後期高齢者医療広域連合における保健事業の計画の作成や実施を支援するため、国保連合会が「健診・保健指導」、「医療」、「介護」の各種データを利活用して、①「統計情報」・②「個人の健康に関するデータ」を作成するシステムのこと。

広がる地域の支え合い

　「認知症サポーター養成講座」は地域住民だけでなく、地元の企業や商店街、大手スーパーマーケット等への出前講座によって、地域づくりの推進や、連携を強化する活動が全国で広がっています。

　愛知県蟹江町（人口38,000人）には東地域と西地域にそれぞれ包括支援センターがあり、町内の郵便局や地元企業・小学校の子どもたちに向けた出前講座を定期的に開催しています。講座では、認知症のサインや症状など認知症の理解を紹介すると同時に、須成祭りの文化が根付く小さな町だからこそできる、日々の些細な変化に気づける関係づくり、お互いさまの精神により、地域で安心して暮らすための情報提供をしています。受講後は「そういえばＡさん最近季節に合わない服を着ているような気がするわ。」とふとした気づきの声も聞かれます。講座の開催による顔と顔が繋がる関係づくりは、日常の連携に繋がります。郵便配達で訪れた高齢者宅で異変を感じたり、配達途中で道に迷った高齢者に声をかけ、地域包括支援センターと連携して、認知症高齢者を無事保護したケースもあります。地域包括支援センターは、地域の「人」や地元企業、商店等、あらゆる「地域の資源」に、積極的な働きかけをすることが、地域包括ケアシステムの実現に向けた鍵となるでしょう。

第8章

ケアマネジャーとは

1　ケアマネジャーとは

（1）介護保険法上の位置づけ

　「ケアマネジャーという用語を聞いたことがあるけれど、一体どんな仕事をする人なのですか？」一般の方からよく聞かれるセリフです。もしかすると、行政職員の方であっても担当課に配属されて、はじめてケアマネジャーという職業の存在を知る方もいらっしゃるのではないでしょうか。この章では、ケアマネジャーの仕事の紹介と、高齢福祉の中でのケアマネジャーの仕事を紹介し、また、ケアマネジャーが行政職員の方とどのような関わりをしているのかを、具体例を交えながら書いていきます。

　ケアマネジャーの正式名称は、「介護支援専門員」です。ケアマネジャーは介護の専門家です。ケアマネジャーになるには、保健・医療・福祉に関する国家資格保有者としての実務経験が5年以上かつ従事日数が900日以上など、細かく受験資格の条件が設けられています。さらに、都道府県で実施される実務研修を終了後に各都道府県に登録されている必要があります。

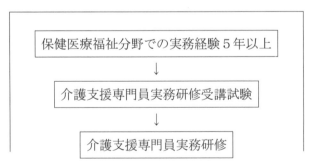

↓

介護支援専門員証の交付

「厚生労働省、介護支援専門員の概要より」

筆者自身が作成

　ケアマネジャーは介護保険法のもと仕事をしています。ケアマネジャーの定義については、介護保険法第7条第5項に記されています。

　この法律において、「介護支援専門員」とは、要介護者又は要支援者（以下「要介護者等」という。）からの相談に応じ、及び要介護者等がその心身の状況等に応じ適切な居宅サービス、地域密着型サービス、施設サービス、介護予防サービス若しくは地域密着型介護予防サービス又は特定介護予防・日常生活支援総合事業（略）を利用できるよう市町村、居宅サービス事業を行う者、地域密着型サービス事業を行う者、介護保険施設、介護予防サービス事業を行う者、地域密着型介護予防サービス事業をおこなう者等との連絡調整等を行う者であって、要介護者等が自立した日常生活を営むのに必要な援助に関する専門的知識及び技術を有するものをして第69条の7第1項の介護支援専門員証の交付を受けたものをいう。

　大前提として、ケアマネジャーは介護保険法という法律を遵守した上で仕事を行う職種なのです。

　さらに、ケアマネジャーは法律により義務も課せられています。詳しくは「介護保険法」第69条の34、「介護保険法施行規則」第113条の

39、「指定居宅介護支援等の事業の人員及び運営に関する基準」第12条に記されています。

● 公正誠実に業務を行うこと
● 医療サービスとの連携を意識しながら、自立支援に向けた働きかけを行うこと
● ケアマネジメントの質の評価を常に実施し、必要があれば改善をしていくこと
● 資質の向上に努めること

介護保険給付ができるという権限が与えられているのはケアマネジャーだけで「介護保険の要」であるといわれます。それゆえ、重大な法令違反をすると登録抹消という厳しいペナルティが課されます。

（2）居宅系ケアマネジャーと施設系ケアマネジャー

介護保険のサービスを利用するためには、ケアマネジャーが作成した「ケアプラン」が必須となります。一部例外的に利用者自身がケアプランを作成する「セルフケアプラン」もありますが、これは大変に少数であり、調査よると、要支援者では0.04%、要介護者では0.01%しかご自身でケアプランを作成していません。

それほど介護保険サービス利用が円滑になされるためには、ケアマネジャーの存在は不可欠です。

介護保険の利用者は大きく2つに分かれます。自宅等居宅で暮らしながら介護を受ける方と、施設に入所して介護を受ける方です。

自宅等で暮らしている方のケアプランを作成するケアマネジャーを

「居宅系ケアマネジャー」といい、施設で暮らしている方のケアプランを作成するケアマネジャーを「施設系ケアマネジャー」といいます。

　居宅系ケアマネジャーと施設系ケアマネジャーでは業務内容や、担当できる利用者の数も違います。行政職員のみなさんが主に関わることが多いのは、居宅系ケアマネジャーでしょう。ケアマネジャーには居宅系と施設系があるということを理解していただいた上で、この章では特にみなさんと関わりが深い居宅系ケアマネジャーの業務内容についてご紹介します。

> ### 居宅系ケアマネジャー
>
> （1）業務
> 　　要介護者や要支援者からの相談を受け、ケアプランを作成するとともに、居宅サービス事業者等との連絡調整や、入所を要する場合の介護保険施設への紹介等を行う。
>
> （2）配置される事業所
> 　　居宅介護支援事業所（ケアマネ事業所）、介護予防支援事業所（地域包括支援センター）
>
> （3）ケアプランの位置づけ
> 　　要介護者等はケアプラン作成の依頼の旨を市町村にあらかじめ届け出た上で、ケアマネジャーによって作成されたケアプランに基づき、居宅サービス等の提供を受ける場合、1割の自己負担を払うことでサービスを受けることが可能（現物給付化）。
> 　　※利用者自身が作成したケアプラン（いわゆるセルフケアプラン）をあらかじめ市町村に届け出た場合も、現物給

付化される。

（4）ケアプラン作成に当たっての自己負担：利用者負担はない。

施設等におけるケアマネジャー

（1）業務

施設等のサービスを利用している利用者が自立した日常生活を営むことができるようにするため、解決すべき課題の把握等を行った上で、施設サービス計画等を作成する。

※施設等では、施設サービス計画等に基づき、サービスを実施する。

（2）ケアマネジャーの配置が義務付けられている施設等

介護老人福祉施設（特別養護老人ホーム）、介護老人保健施設、介護療養型医療施設、特定施設入居者生活介護（有料老人ホーム等）、認知症対応型共同生活介護、小規模多機能型居宅介護、複合型サービス

（3）ケアマネジャーは車輪のハブであり、チームの監督のような存在

ケアマネジャーは居宅で介護を受ける人のために計画を立てる仕事をしています。

「居宅サービス計画書」通称ケアプランともいいますが、ケアマネジャーはケアプランを作成する人だと覚えておいてください。

介護を受ける人を介護保険利用者という意味を略して、われわれは「利用者」と呼びます。利用者は介護認定を受けた65歳以上の高齢者の方です。（例外的に65歳未満の方で介護認定を受けられる人もいます）

　行政職員のみなさんは、介護の仕事というと何を思い浮かべるでしょうか？

　ヘルパーさん？　デイサービスさん？　福祉用具のレンタルさん？どれも正解です。これらヘルパーさん、デイサービスさん、福祉用具のレンタルさんなどを「介護サービス事業所」と呼んでいます。

　「利用者」が居宅で介護が必要となった時、ベッドを借りて、ヘルパーに買い物や調理をしてもらい、デイサービスでお風呂に入りたい、と考えたとしても、「利用者」が自分で電話してヘルパーやベッドやデイサービスに頼んだだけでは、介護保険は使えません。

　ここが、介護保険の一番大切なポイントです。

　ケアマネジャーが作成するケアプランに、ケアマネジャーがヘルパー、ベッド、デイサービスの計画を載せることで、はじめて介護保険を使うことが出来るようになるのです。

　ケアマネジャーは車輪のハブのような存在であり、野球チームの監督のような存在です。

　車輪の中心をハブといいますが、ケアマネジャーは介護保険では車輪のハブの役割をします。そして、チームの監督の役割もします。

出典　toimisaki2020.seesaa.net

出典　irasutoya.com

　利用者の生活課題解決のため、利用者と事業所を繋げるサービス調整や、ドクターと連絡を取り、利用者や事業所間の情報共有などもします。必要な時には、行政職員と連携を取りながら、介護保険以外の制度利用に繋げる場合もあります。

　そして、これらのことをケアプラン（正式名称は居宅サービス計画書）に載せます。

第1表	居宅サービス計画書（1）		作成年月日	平成 25 年 4 月 14
			初回 ・ 紹介 ・ 継続	認定済 ・ 申請中

利用者名　　　K　　　　　殿　生年月日　10 年　4 月　1 日　住所 ××××

居宅サービス計画作成者氏名　Eケアプランセンター

居宅介護支援事業者・事業所名及び所在地

居宅サービス計画作成（変更）日　25 年　4 月　14 日　　　初回居宅サービス計画作成日　25 年　4 月　14日

認定日　25 年　4 月　10 日　　認定の有効期間　25 年　3 月　5 日 ～　25 年　9 月　30 日

要介護状態区分	要介護2 ・
利用者及び家族の生活に対する意向	(本人)自宅で介護を受けながら、以前のように好きなテレビを見たりして過ごしたい。 　　　家族に身の回りのことで迷惑をかけないようにしたい。 　　　リハビリをして、以前のようになりたい。 (妻)本人の希望通り家で過ごさせたいが、自分も膝関節症があり息子夫婦も仕事をもっているので、どこまで介護できるか不安。ヘルパーなどに手伝ってもらいながら介護したい。
介護認定審査会の意見及びサービスの種類の指定	
総合的な援助の方針	一日も早く、以前のような生活に戻れるように支援をします。 ご自分でできることはしていただきながら、脳梗塞等が再発しないように注意して生活をしていただきたいと思います。 あまり負担にならないようにサービスを上手に利用しながら介護を続けてください。
生活援助中心型の算定理由	1. 一人暮らし　2. 家族等が障害、疾病等　3. その他（　　　　　　　　　　　　　　　）
居宅サービス計画について説明を受け、内容に同意し交付を受けました。	説明・同意日　　年　月　日　　利用者同意欄　　　　　　　　印

（WAMNETより）

https://www.wam.go.jp/content/wamnet/pcpub/kaigo/caremanager/
caremanagerworkguide/caremanager_careplan_02.html

| 第2表 | 居宅サービス計画書（2） | 作成年月日 | 平成25年 | 4月 | 14日 |

利用者名　　　　　K　　　　様

生活全般の解決すべき課題（ニーズ）	援助目標				援助内容					
	長期目標	（期間）	短期目標	（期間）	サービス内容	※1	サービス種別	※2	頻度	期間
①病気の再発を防ぎ、再入院しないようにしたい	再入院しない	4/14～9/30	通院介助を利用して、定期的な通院ができる	4/14～6/30	通院介助	○	訪問介護	A訪問介護	週3回	4/14～6/30
②普段の生活で家族に負担をかけないようにしたい	トイレまで1人で行けるようになる	4/14～9/30	室内の移動が安全にできる	4/14～6/30	日常生活の評価・指導／移動介助／移動の見守り	○／○	訪問リハビリテーション／訪問介護	B病院／A訪問介護葉	週1回／週3回	4/14～6/30
③自分で排泄したい	排泄動作が自立する	4/14～9/30	日中はトイレ、夜間はポータブルトイレで排泄ができる	4/14～6/30	排泄介助／ポータブルトイレ導入	○／○	訪問介護／福祉用具貸与	A訪問介護／C事業所	週3回／随時	4/14～6/30
④これからも自分らしくすごしたい	家族から頼られる存在でいられる	4/14～H26/3/31	ストレスを感じずに生活ができる	4/14～6/30	本人の言葉を傾聴する	○	居宅介護支援	Eケアプランセンター	随時	4/14～6/30

※1 「保険給付対象かどうかの区分」について、保険給付対象内サービスについては○印を付す。
※2 「当該サービス提供を行う事業所」について記入する。

（WAMNETより）

https://www.wam.go.jp/content/wamnet/pcpub/kaigo/caremanager/
caremanagerworkguide/caremanager_careplan_02.html

　このように、ケアマネジャーは実際に利用者を介護することはありませんが、プランナーとして必要な連絡を取り、支援方針を伝え、チームメンバーが迷わないように細かな調整をしていく仕事なのです。

Column

「ケアマネさん、患者さんの荷物取りに行って下さい!?」

　ここでは、実際に生活保護の男性が救急搬送された時、病院の看護師から「ケアマネさん、Ａさん（生活保護者）の荷物を取ってきてください。」と依頼された時の、ケアマネジャーの立ち位置について書きます。

　その方は、59歳の生活保護受給者の男性で、要支援２の利用者さんです。

　週３回の人工透析を受けており障害者手帳を持っています。大腸がんで手術を受けた後は、人工肛門で排便し、自己導尿（自分で管を差し込み尿を出す）をしています。

　サービスの利用状況は、介護保険サービスで訪問看護に来てもらいながら、障害サービスで訪問ヘルパーを利用しています。

　一人暮らしで、離婚し子供はいません。いざという時に頼れる親族がいらっしゃらない方ですが、なにかと助けてくれる友人はいらっしゃいます。

　ある日、高熱が出て動けなくなり、なんとか自分で電話をして救急車を呼びました。

　そのまま入院となり、その旨の連絡が病院からケアマネジャーに入りました。

　利用者が入院するとケアマネジャーは、サービス事業所や関係機関へ利用者が入院したことを伝えます。訪問看護と、ヘルパー＝訪問キャンセルの連絡をします。

透析病院＝透析病院のバスの送迎をストップしてもらい、透析病院と入院病院の情報連携をしてもらいます。

生活保護の窓口担当ワーカー＝自宅で生活している生活保護受給者の方が、入院すると行政で必要な手続きがあるからです。入院先の病院＝自宅での介護の状況を連携シートに書き込んで送ったり、場合によっては入院先へ訪問し看護師と面接し自宅での状況を伝えます。そうすることで、病院は退院へむけての具体的な治療方針を立てることができます。

入院から数日後のことです、入院先の病院の看護師から連絡が入りました。「ケアマネジャーさん、Aさんの荷物を自宅から取ってきてください。」

家族がおらず、入院準備もしないまま救急搬送で入院しましたので、着替えや洗面道具すらないから、というのが理由でした。

この場合、ケアマネジャーとしてはどのような対応をするべきだと思いますか？

看護師の指示通り、利用者宅へ行き、荷物を準備して病院へ届けることでしょうか？私は、それは違うと考えています。いくら生活保護受給者で、身寄りがないからといって、本人の留守宅へ行き、荷物を取ってくるというのは違うと考えました。

ケアマネジャーがするべきことは、生活保護の担当ワーカーへ連絡を取り、制度の中で支援できる方法がないかと相談することです。または、常から本人の家族環境や友人の状況を把握し、緊急時に対応できる人を確保しておき、その人へ連絡をすることだと考えます。

話を戻しますが、看護師から電話で「ケアマネジャーさん、A

さんの荷物を取ってきてください。」と言われた時、私は「それ
はできません。」と答えました。

　看護師は「どうしてですか？」と少しご立腹でしたが、私は「看
護師さん、あなたがＡさん宅へ行き荷物を取りに行けますか？そ
れと同じ理由で、私も行くことはできないんです。」と答えました。
結果的には、ケアマネジャーが生活保護の担当ワーカーへ連絡し、
担当ワーカーが病院へ連絡し、とりあえずは病院の売店で最低限
のものを購入し本人に請求するということで落ち着きました。

　その電話から数日後、利用者本人が回復し、主治医の許可をも
らい友人の車で自宅へ戻り、荷物を取ってきました。もしも、最
初の看護師の電話でケアマネジャーが留守宅へ行き、荷物を取っ
てきていたら。本人ができることまでケアマネジャーが取り上げ
てしまっていましたし、仮に自宅内で大切なものがなくなってい
たりしたら、ケアマネジャーが犯人扱いされるかもしれないので
す。このように、ケアマネジャーは本人とサービス事業所、病院、
行政担当者などの社会資源を結び付け、本人の課題解決に結びつ
くように計画を立て、調整をする役割をします。

　その後、この利用者は回復し退院されることが決まりましたの
で、入院先の看護師から情報提供をいただき、退院後のサービス
再開に向けて必要な情報の聞き取りをしました。

　退院にむけて、ケアマネジャーはサービス事業所、透析病院、
生活保護の担当ワーカーへ連絡し、退院後のサービス調整を行う
ことで、この利用者は退院後も再び介護を受けながら自宅での生
活を再開することができるのです。

2 ケアマネジャーの業務と 行政職員の関わり

（1）ケアマネジャーの業務を理解しよう

　ケアマネジャーの仕事について少しはイメージがついたでしょうか？同じ介護職であっても、ケアマネジャーの仕事は理解されていないことが多いのです。

　いつも机のパソコンに向かい書類を作っており、電話やＦＡＸのやり取りを頻繁にしており、そしていつも外出をしている……。「いったい、ケアマネジャーって何をやってるんだ？」

　ケアマネジャーは利用者が介護保険を使えるために、ケアプランを作成しサービス調整をする仕事であるとお伝えしました。具体的にはこのような業務をしています。

ケアマネジャーの仕事

・利用者や家族との面接・相談

　利用者のご自宅へ伺い、基本情報を確認しながら、生活の中の困りごとの相談にのります。

・アセスメント

　利用者の生活課題を明らかにしていく作業。例えば利用者が「トイレに間に合わない。」という困りごとがある時、歩行状態が悪いからトイレまで行けないのか？トイレまでの距離が長くて、間に合わないのか？尿意を感じづらくなっているのか？トイレでかがむ動作が困難なのか？など、いろいろな理由が考えられるので、利用者に寄り添いながら、聞き取りをしていきます。

・居宅サービス計画書（ケアプラン）の作成

「アセスメント」により課題が明らかになったら、それを解決するために計画を立てていき、ケアプランの原案を作成します。

・サービス調整

ケアプランの原案を作成したら、具体的な支援を担う事業所を選定します。選ぶ主体は利用者ですが、選ぶ際のポイントなどをケアマネジャーが助言しながら決めていきます。

・サービス担当者会議

ケアプランの原案に基づき、利用者本人、ご家族、サービス担当者を集めて今後の介護サービスの内容について検討をしていきます。

※担当者会議に行政職員の方が出席される場合もあります。

・モニタリング

利用者の状況を確認し、ケアプランの変更の必要がないかについて検討をします。利用者のご自宅へ伺い、本人と面接を行います。サービスの利用状況についてお伺いしたり、定期受診の様子などをお聞きします。

また、事業所からもモニタリング報告という形でサービス利用状況などの連絡が来ます。

・給付管理業務

利用者が介護保険サービスを利用すると、サービス提供事業所は介護給付費を国民健康保険団体連合会（国保連）に請求します。国保連は審査を行ったうえで事業所に給付を行いますが、その審査の際にケアマネジャーが作成する書類（給付管理票）が必要となります。

（2）ケアマネジャー業務と行政職員との関わり

　ケアマネジャーの個別の業務内容について、少しはイメージしていただけたでしょうか。ケアマネジャーは利用者のお宅へ伺うほかにも、行政の窓口へ行き手続きや時には職員と相談をすることも多い仕事です。以下に具体的な関わりを書きます。

・要介護認定（区分変更・更新）申請書の代行申請

　利用者に代わりケアマネジャーが窓口に申請書類を提出することもあります。

・「居宅（介護予防）サービス計画作成依頼届出書」を提出する

　介護認定を受けたら、居宅介護支援事業者（ケアマネジャーの会社）を選んでいただいて、介護サービス計画（ケアプラン）の作成や、サービス利用の申し込み等を依頼します（ケアプラン作成費は無料です。）。

・利用者負担額の減免・減額・助成制度

　介護を受けるにあたり、経済的に厳しいご家庭の方には、各種制度をご案内します。

　ケアマネジャーは全ての制度を熟知しているわけではありません。介護保険の制度で経済的に助けられない方でも、介護保険外の制度での救済措置について助けることができないか、行政職員に相談することもあります。

・住宅改修の申請

　自宅で介護をするために必要な改修工事を介護保険を利用して施工することができます。

　介護保険を使うためには、ケアマネジャーが書く「理由書」のほかに、決まった書類を提出することで申請が行えます。

・各種助成制度の申請

　市町村により独自のサービスを制定している場合があります。例えば、「寝たきり高齢者等見舞金」「オムツ券の支給」「訪問理容サービス」「布団丸洗い乾燥等サービス」「見守り配食サービス」「緊急通報装置設置サービス」など、市町村により内容は異なります。これらの申請代行を窓口で行います。

・生活保護等の相談

　生活が困窮している世帯で、ご自身で相談に行けない利用者については、ケアマネジャーが行政に相談することがあります。

　また、生活保護受給者の方で新たに介護サービスの利用開始となる方について、ケアマネジャーは情報収集のために生活保護の担当ワーカーと連絡を取ることもあります。

（3）ケアマネジャーと保険者である行政との関係性

　行政職員の方には想像がつかないことかもしれませんが、ケアマネジャーは常に「実地指導」という行政からのチェックにおびえながら仕事をしています。実地指導の結果によっては、プラン料の返還や時には重い行政処分を受け、事業を継続することができなくなるからです。市町村により通知方法に違いはありますが、私が事業を行う岡崎市では1か月前に実地指導の通知が来て、指導当日に向けてケアマネジャーたちは自分の担当ケースの書類チェックを行います。さらに、管理者は管理書類のチェックも加わります。そして実地指導当日を迎えるわけです。

　悪気はなくても、業務のなかに抜け漏れ忘れは存在するものですが、いざ、実地指導で書類の不備を指摘されると、単なる抜け漏れ忘れで

は済まなくなります。ケアマネジャーは介護保険法のもとで仕事をしており、かつ介護保険法の中で唯一給付化できる権限を持ちますから、それぐらい厳しいチェックがあるのは当然なのですが……。

　ケアマネジャーと保険者である行政は、決して馴れ合いの関係ではなく、お互いが専門職としてプライドを持ちながら、利用者の利益のため、介護保険行政が公正中立に保たれるために協働する間柄であると考えます。

（4）ケアマネジャーに対する苦情を伝える立場でもある

　ケアマネジャーは利用者に対してケアマネジメントを開始する前に、重要事項説明書と契約書の取り交わしをします。重要事項説明書の中に、利用者の苦情相談窓口を記載するのですが、①事業者（担当ケアマネジャーが所属する法人または事業所名）、②市町村の行政担当窓口、③県の国民健康保険連合会の連絡先を記載することが一般的です。

　それゆえに、ケアマネジャーと利用者との支援関係の中で、利用者が不満に感じたときなどは行政窓口に「相談」や「苦情」という形で連絡がいくことがあります。相談、苦情を受けた行政担当者はケアマネジャー事務所の管理者に対して、利用者の訴えや苦情内容を伝えます。苦情については、通常の苦情と、ハラスメントとして扱うべき苦情があります。中には、一事業所だけでは対応できないようなハラスメントの要素を含んだ苦情もあり、1～2時間電話口で一方的に行政職員に対してケアマネジャーの不平不満を訴える利用者や家族も存在します。

　ケアマネジャーが利用者から受けるカスタマーハラスメントによ

り、心身を病んでケアマネジャーを辞めてしまう人もいるくらい深刻
なケースもあります。行政は利用者の権利を守るのは当然ですが、地
域の社会資源であるケアマネジャー事業所を守るための対策が必要と
されています。

3　地域包括ケアシステムと　ケアマネジャー

 （1）在宅介護のプロとしてのケアマネジャーの役割

　介護が必要となった利用者の自宅での生活の様子を総合的に把握している専門職がケアマネジャーであると言えます。通常のケアマネ業務の中で、「アセスメント」や「モニタリング」を通じて定期的に利用者宅を訪れ、利用者を取り巻く環境、例えばどんな家に住んで、ベッドなのか布団で寝ているのか、家族で頻繁に連絡を取るのは誰か、近所で昔から付き合いのある人は誰か、通っている病院はどこで、どうやって通院しているか、など実際の生活の様子を知っている存在がケアマネジャーです。

　また、必要に応じて医師と連絡を取ったり、行政に連絡し連携しながら、介護事業所や近所の人に働きかける役割ができるのもケアマネジャーです。前述で、ケアマネジャーはプランナーであるが、プレイヤーではないとはこういうことなのですが、調整力の差が、ケアマネジャーの実力の差であるとも言えます。

 （2）地域ケア会議の意義

　ケアマネジャーが利用者を支援する中で、支援に困難を感じるケースがあります。一ケアマネジャー事業所として対処するのが困難な場合、行政や地域包括支援センターへ相談し、地域の課題として更に大きなチームで対応策を検討していく場合があります。

　個別の支援困難ケースを解決していく過程で期待される効果としては

・地域包括支援センターやケアマネジャー等の資質を高める。

・多職種が協働することで新たな地域のネットワーク構築ができる。

・個別ケースの背後に潜在している同様のニーズを抱えた住民やその
　予備軍を見出す。

・地域づくり、資源開発が進み、住民を主体者にすることができる。

などの効果が期待されます。

「地域ケア会議」の主な機能

政策形成
機能

地域づくり・
資源開発
機能

個別課題
解決機能

ネットワーク
構築機能

地域課題
発見機能

出典：厚生労働省ホームページ

チームで対応する意義（クレーム対応）

「過剰な要求をする家族から利用者本人とケアマネジャーを
守った地域ケア会議」

　我が事業所は3件目のケアマネジャーでした。ケアマネ交代を
繰り返すB（娘）さんでした。家族関係や属性などはプライバシー
保護のため割愛しますが、その娘さんの電話攻撃は凄まじいもの
でした。

　一旦電話を受けてしまうと、2時間は電話を切らせてもらえな
い。最初は普通の語り口ですが、一旦怒りの導火線に火をつけて
しまうと、電話口でケアマネジャーが怒鳴り続けられるのです。
ケアマネジャーが予定している訪問には行けなくなるし、一番の
問題点は電話攻撃の後はケアマネジャーの心が傷つき、いつまで
も娘さんに言われたセリフが頭の中をリフレインしてしまい、半
日から一日は仕事にならなくなるのです。

　また、利用者本人にとっても適切なケアが受けられない状況に
陥っている可能性も考えられたことから、地域ケア会議として行
政職員、地域包括支援センター、事業所担当者の皆さんと協力し
ながら、ケアマネジャーが一人で攻撃を受けなくて済むような体
制を構築していただきました。

　通常、利用者や家族の相談はケアマネジャーが受けるのですが、
通常の業務の範疇を越えていると判断していただき、娘さんの電
話は行政が受けてくれることになり、ケアマネジャーは利用者の

支援に集中して、家族支援は行政と協力しながら行ったという
ケースとなりました。

4 政策形成機能としての行政職員

　ここまでケアマネジャーについて述べてきましたが、一人の利用者の生活課題として事業所単位で対応できることと、地域課題として取り組むことで超高齢社会を地域として乗り越えていく体制づくりに貢献できることについてもご理解いただけましたでしょうか。

　ケアマネジャー業務をご理解いただき、地域で暮らす高齢者の在宅生活の限界点を引き上げるとともに、具体的な地域課題（質的課題）を明らかにすることによって、市町村の行政計画の策定や社会基盤の充実、ひいては地域包括ケアの実現のために、主体的な取り組みが求められています。

【参考文献】

・後藤佳苗『法的根拠に基づくケアマネ実務ハンドブック』中央法規2014年

・『ケアマネジャーの仕事』ワムネット

・『居宅サービス計画書』ワムネット

・社会保障審議会介護保険部会第57回　『参考資料３：ケアマネジメントのあり方』

・全国マイケアプラン・ネットワーク『全国保険者調査から見えてきたケアプラン自己作成の意義と課題』

・厚生労働省老健局『地域包括ケアの実現に向けた地域ケア会議実践事例集』

第9章

介護・高齢者部門と
障害福祉部門の
歴史的変遷

1　障害者福祉制度の変遷

　身体障害の等級を決める際の基準となる「身体障害者障害程度等級表（身体障害者福祉法施行規則別表第5号）」は、上肢や下肢の等級の基準が非常に詳細であるのに対し、心臓ペースメーカ装着者や人工関節置換者は一律に手帳の障害程度認定を行っています。これは不合理だという声があり、身体障害者障害程度等級という概念そのものが歴史的な役割を終えているという声さえ聞こえてきます。

　ではなぜ、このような身体障害者障害程度等級表が生まれたのでしょうか。それは身体障害者福祉法が制定された1949（昭和24）年頃の身体障害者の約65%は戦争によって身体に障害を持った傷痍軍人だったからなのです。こうした事情から身体障害者の等級は軍人恩給診断の考え方を踏襲し、純粋に解剖学レベルで機能の喪失を評価し、障害認定の公平性を保とうとしたのです。ところが、1967（昭和42）年になると心臓機能障害が内部障害として初めて追加されます。

　そのときの障害の認定は解剖学レベルの評価ではなく、胸部X線での心胸郭比や心電図所見等による医学的診断と、日常生活活動の制限状況が参考にされました。このようにして、これまでとは違う物差しが導入されたことで、整合性のない等級表が出来上がってきたのです。このように、歴史を辿ることこそが、制度を理解するための近道だと筆者は考えています。

2　障害者への支援・対応の歴史

（1）身体障害者福祉法の制定前夜

　1900（明治33）年に精神病者監護法という法律が制定されました。同法律は、自宅内や敷地内に「監置室」を設置し、そこに精神病者を監禁することを可能にしました。この状態は、1950（昭和25）年の精神衛生法の施行によって私宅監置が禁止されるまで続き、米国の施政権下にあった沖縄では本土復帰が達成される1972（昭和47）年まで行われていました。

　この私宅監置の実態については、東京帝国大学医学部の教授で医学博士であった呉秀三により、1918（大正7）年に『精神病者私宅監置ノ実況』にまとめられ、2012年には現代語訳が出版されました。大正7年版にある「精神病者」の定義には「癡愚」と「白癡」という言葉があります。現代語訳では「痴愚」と「白痴」となっていますが、この言葉は、かつては重度の知的障害の診断名として使用されていたものです。このような記載からは、明治以降、知的障害者は精神障害者という概念に包括され、「精神病者」として私宅監置の対象になっていたこと、知的障害者を含む精神病者の監護責任者は家族であったことが読み取れます。

（2）法律によって違いがある「障害者」の範囲、障害の意味

　わが国における障害者福祉の戦後の出発点となった身体障害者福祉法（1949年）は、生活保護法（1946年）、児童福祉法（1947年）とと

もに福祉三法といわれています。この時代、障害福祉の領域では措置制度によって福祉サービスが提供され、その利用決定は、措置権者となる自治体がサービスが必要だと判断すれば提供されることになっていました。しかも、高齢者の場合と同様に、サービスの多くは社会福祉法人が提供し、そこには措置費が支払われるという社会福祉の基礎構造が整えられていきました。措置制度とは、戦後の厳しい財政事情のなか、予算の範囲内で福祉サービスを効率的に提供しなければならないという事情があったことを考えると、必要であったかもしれません。

　また、国の予算の範囲内でサービスを提供するためには、サービスの利用の適格性が求められたからでしょうか、身体障害者福祉法が示す「障害者」とは基準＝等級表に示された条件を満たし、尚且つ身体障害者手帳をもっていることが必要とされました。

身体障害者福祉法第4条：この法律において、「身体障害者」とは、別表に掲げる身体上の障害がある18歳以上の者であつて、都道府県知事から身体障害者手帳の交付を受けたものをいう。

（3）「障害者の福祉の増進」から「かけがえのない個人として尊重される」へ

　2006（平成18）年に国連で障害者権利条約が採択されると、日本は2007（平成19）年に同条約に署名して国内法の整備に着手します。そして、2012（平成24）年には障害者基本法が改正され、これまで目的として掲げていた「障害者の福祉を増進する」という言葉が削除されました。

　障害の有無にかかわらず、一人ひとりは等しく基本的人権を享有す

る「かけがえのない」個人として尊重されるということが明文化され
（表9-1）、障害者だけの福祉を増進するのではなく、障害の有無に
関係なく、国民みんなが互いに尊重しながら共生する社会を実現する
という方向性が明らかにされました。

表9-1　改正障害者基本法の要点

障がい者制度改革推進会議	
第34回（H23.8.8）	資料2

障害者基本法　新旧対照表	
改正障害者基本法	旧障害者基本法
第1章　総則	第1章　総則
（目的） 第1条　この法律は、全ての国民が、障害の有無にかかわらず、等しく基本的人権を享有するかけがえのない個人として尊重されるものであるとの理念にのつとり、全ての国民が、障害の有無によつて分け隔てられることなく、相互に人格と個性を尊重し合いながら共生する社会を実現するため、障害者の自立及び社会参加の支援等のための施策に関し、基本原則を定め、及び国、地方公共団体等の責務を明らかにするとともに、障害者の自立及び社会参加の支援等のための施策の基本となる事項を定めること等により、障害者の自立及び社会参加の支援等のための施策を総合的かつ計画的に推進することを目的とする。	（目的） 第1条　この法律は、障害者の自立及び社会参加の支援等のための施策に関し、基本的理念を定め、及び国、地方公共団体等の責務を明らかにするとともに、障害者の自立及び社会参加の支援等のための施策の基本となる事項を定めること等により、障害者の自立及び社会参加の支援等のための施策を総合的かつ計画的に推進し、もつて障害者の福祉を増進することを目的とする。

（定義） 第2条　この法律において、次の各号に掲げる用語の意義は、それぞれ当該各号に定めるところによる。 一　障害者　身体障害、知的障害、精神障害（**発達障害を含む。**）その他の心身の機能の障害（以下「障害」と総称する。）がある者であつて、障害及び社会的障壁により継続的に日常生活又は社会生活に相当な制限を受ける状態にあるものをいう。 二　社会的障壁　障害がある者にとつて日常生活又は社会生活を営む上で障壁となるような社会における事物、制度、慣行、観念その他一切のものをいう。	（定義） 第2条　この法律において「障害者」とは、身体障害、知的障害又は精神障害（以下「障害」と総称する。）があるため、継続的に日常生活又は社会生活に相当な制限を受ける者をいう。

出典：厚労省「第34回障がい者制度改革推進会議資料（平成23年8月8日開催）」

　さらに注目すべき点は、「障害」とはその人に内在するものととらえる「医学モデル」に依拠した考え方から、障害とはその人が社会とアクセスすることを阻む社会的障壁＝その人の外にある制度や慣行等にあると考える「社会モデル」に転換したことです。

　この転換により、これまでは障害によって引き起こされる日常生活における困難を克服するのは個人の努力だという考え方から、身体機能の損傷等が障害ではなく、障害とは社会的障壁によって生じるもので、この社会的障壁の除去は障害者だけの努力ではなく、社会の責任によって行われなければならないという社会モデルという考え方が徐々に広がっていきます。

　また、2004（平成16）年には、これまで知的障害という範疇に含まれてこなかったアスペルガー症候群や学習障害、注意欠陥多動性障害等をもつ人の支援を定めた発達障害者支援法が成立し、2006（平成

18）年には学校教育法が改正されて、これまでの盲学校、聾学校、養護学校が特別支援学校に一本化されました。

（4）措置制度から支援費制度へ

　2000年の介護保険制度の創設を追いかけるように、2003（平成15）年には、行政がサービスの利用先や内容等も決定していた措置制度から、利用者がサービスの提供事業者を選び、サービスの利用者である障害児者とサービスを提供する事業者が対等な立場にたって、両者の契約によってサービスを利用するという支援費制度にかわりました。こうした制度の変更によって福祉サービスの利用は急速に増えて支出も予想以上の伸びをみせたことで財政的にも制度の実施が難しい状況になりました。そのうえ、身体障害、知的障害、精神障害によってサービス体系が異なっていたことや、サービス水準の地域格差といった新たな課題が生まれたことから、これらを解消した障害者自立支援法が2005（平成17）年に公布され、翌2006年から施行されました。

　このことでサービス体系は一本化され、障害の状態を示す全国共通の「障害程度区分」が導入され、サービスの支給決定のプロセスの透明化が図られました。また、安定的な財政の確保のために国が費用の半分を負担し、これまでの応能負担からサービスの利用量に応じて一割の自己負担＝応益負担が導入され、通所系サービスでは食費が、入所施設では食費・光熱水費等が個人負担となりました。こうした制度の変更によって、サービスの利用量が多い重度の障害者ほど利用料が増え、それが生計費を圧迫する事態となり、施設からの退所や、利用を控えたり、抑制したりすることがみられ、批判や不満が噴出することになりました。

（5）障害者総合支援法

　そして、2012（平成24）年に障害者自立支援法について「応益負担を廃止し、応能負担へ」「相談支援の充実」「発達障害も対象に」等の変更を行い、翌2013年にこれらを引き継いだ障害者総合支援法（障害者の日常生活及び社会生活を総合的に支援するための法律）が成立し、翌年から施行されることになりました。

　支援費制度になったといっても、措置制度の全てが廃止されたのではありません。厚生労働省の支援費制度Ｑ＆Ａ集には、やむを得ない事由の場合は措置を行うとし、「介護をしている者が急な死亡や入院などにより緊急にサービスを必要とするため支援費支給申請を行う暇がない場合、家族からの虐待等により本人からの申請が期待できない場合、等が考えられるが、制度の趣旨から、あくまでも例外的なケースに限られる」と記しています。

3　障害者控除とは

　障害者本人や障害者と一緒に暮らしている方への税制上の優遇策に障害者控除があります。国税庁のＨＰは「障害者控除」を、「納税者自身、同一生計配偶者、又は扶養親族が所得税法上の障害者に当てはまる場合には、一定の金額の所得控除を受けることができます」と説明しています（表9-2）。なお、この「障害者控除」は、扶養控除の適用がない「16歳未満の扶養親族を有する場合においても適用されます」と解説されています。

　具体的な控除対象には「障害者」、「特別障害者」、「同居特別障害者」があり、障害者のなかに「65歳以上の方で障害の程度が障害者に準ずるものとして市町村長等の認定を受けている方」が含まれています。

　これは要介護の認定を受けている方を指しているので、自宅に暮らす要介護者も障害者控除が受けられることになっています。特別障害者には「いつも病床にいて、複雑な介護を受けなければならない方」という記載があり、要介護度が重たい方が、これに該当します。

表9-2　障害者における控除される金額

区　分	控除額	
	あなたが障害者の場合	同一生計配偶者又は扶養親族が障害者の場合（1人につき）
障害者	27万円	
特別障害者	40万円	
同居特別障害者	―	75万円

出典：国税庁「令和2年分所得税及び復興特別所得税の確定申告の手引き」33頁より

　他に一部の自治体では、介護保険法による要介護4又は5の認定を受けている在宅で常時介護が必要な方を介護している方に対して、家族介護者の負担を軽減することを目的として「ねたきり老人等介護者手当」を出しています。

4 高齢者・介護領域と障害領域

 （1）65歳になると介護保険が優先だが！

　高齢者・介護領域と障害領域の制度の概要を比較できる形で一覧表にまとめてみました（表9-3）。特に、障害者総合支援法のサービスと介護保険法のサービスの関係については、65歳になると介護保険が優先することが障害者総合支援法7条（他の法令による給付等との調整）において注目すべきです。

　しかし、実際には、65歳を過ぎていても障害福祉サービスに固有のものと認められるもの（同行援護、行動援護、自立訓練（生活訓練）、就労移行支援、就労継続支援等）については、障害福祉サービスを利用することができますし、介護保険でのサービス支給量だけでは足りない場合も、介護保険サービスにプラスする形で障害者総合支援法からの支給を受けることができるようになっています。

 （2）一律に優先ではない

　2000（平成12）年3月、厚生省大臣官房障害保健福祉部企画課長と同障害保健福祉部障害福祉課長名で発出された「介護保険制度と障害者施策との適用関係等について」では、65歳を過ぎたら介護保険サービスを優先するように指示していました。しかし、この通知は2015（平成27）年に廃止されました。

　「廃止」を伝える通知文では、介護保険サービスを一律に優先させるのではなく、市町村が当事者の意見を十分に聞き取ってから適切な

サービスは何かを判断してくださいと記しています。そして、この動きは65歳を過ぎても障害福祉サービス事業所の利用を可能する共生型サービスとして形を整えていくことになっていきます。

表9-3　高齢者・介護領域と障害領域の制度の概要

	高齢者領域	介護領域	障害者領域
根拠法	老人福祉法	介護保険法他	障害者総合支援法、身体障害者福祉法他
対象者	老人の生活に直接影響を及ぼす事業を営む者 国及び地方公共団体	65歳以上の高齢者 40歳以上65歳未満で、特定疾病によった要介護認定を受けた者	65歳未満の障害者
財源調達方法	税金100% （市町村の負担、都道府県は市町村に補助）	保険料50%、 税金50% （社会保険方式）	税金100% （全額公費方式、全額税方式）
給付内容	高齢者福祉を担当する機関や施設、事業に関するルールを定め、県は市町村に老人福祉計画の作成を義務付けている	在宅 施設 居宅介護支援 地域密着	自立支援給付 地域生活支援事業
自己負担	老人福祉法で規定される老人福祉施設・サービスを利用するときには介護保険制度が原則適用（1割負担）。 虐待等の特別な事情がある場合で、老人福祉施設へ措置によって入所した場合は自己負担なし	1割負担 応益負担	所得に応じた負担 応能負担

サービス支給対象者の決定	措置の場合は市区町村の権限で実施	市町村	市町村・県
相談支援、支援計画の作成者	市町村の福祉事務所が相談窓口	介護支援専門員（ケアマネージャー）	相談支援専門員
自立の考え方	老齢に伴って生ずる心身の変化を自覚して、常に心身の健康を保持し、又は、その知識と経験を活用して、社会的活動に参加する（第3条）	「要介護状態の維持・改善を図る」	「人生や生活を自らの責任において決定、自らが望む生活目標や生活様式を選択して生きる」
支援の方向	老人の心身の健康の保持及び生活の安定をはかる	要介護状態の維持・改善、以前の状態に戻すよう支援する	本人の自己実現を支援する

出典：筆者作成

5　高齢者における障害（要介護）

（1）地域包括ケアシステム

　戦後、「団塊の世代」と呼ばれる一群が生まれました。一般的に1947（昭和22）年から1949（昭和24）年にかけての3年間に生まれた人を団塊の世代といいます。現在の年間出生数は100万人をきっていますが、この3年間は毎年、出生数が260万人を越えていました。

　この団塊の世代と呼ばれる最大の集団は年齢を重ねながら、高齢化へ向かう階段を上ってきました。そして、2025年には、この団塊の世代の全員が75歳以上の後期高齢者になることがわかっています。

　政府は、この2025年を目途に「地域包括ケアシステム」を構築しましょうとしています。これは高齢者が重度な介護状態になっても住み慣れた地域で自分らしい暮らしを人生の最後まで続けることを可能にする仕組みです。この地域包括ケアシステムは、概ね30分以内に必要なサービスが提供される日常生活圏域、具体的には中学校区を単位として想定され、そこで医療・介護・予防・住まい・生活支援が包括的に確保されることを目指すと説明されています。

（2）リハビリテーションの意義

　ここで「リハビリテーション」が期待されています。それが地域リハビリテーション活動支援事業です。この事業では、リハビリテーション専門職が地域包括支援センターと連携し、住民が運営する通いの場に定期的に関与し、地域ケア会議やサービス担当者会議に専門家とし

て参加して、高齢者の自立支援や介護予防につながるような助言を行うことが求められるようになりました。

　これは、今までのような通所や訪問のリハビリテーションで行っていた「機能訓練」だけではなく、その人のできることを増やし、自分らしい暮らしに踏み出す力を与えることに関与することも求められれば、日常的に介護を行っている家族や介護職員への助言から対応力の向上といったことも担うことが求められています。

　これは、リハビリテーション専門職が医療機関からでて、地域での生活のなかで必要なものを見つける視点を獲得することに役立つはずです。

　そして、退院後の暮らしをイメージしたリハビリテーションが医療機関のなかで提供されるようになるでしょう。

　つまり、こうした地域リハビリテーション活動支援事業にリハビリテーション専門職がかかわると、今までにない視点を獲得することができるようになります。それは、リハビリテーション専門職の力量をあげ、退院後の暮らしを見すえたリハビリテーションの実施を可能にすると思われます。

今日も地裁で裁判、傍聴しています

　障害福祉課の課長をしているときに、万引きから殺人といったさまざまな事件を経験しました。あるとき、支援していた男性が、執行猶予中にオニギリを万引きしたことで逮捕され、実刑判決を受けて刑務所に入りました。

　しばらくして、この男性が刑務所内で自死したことを知った私は、罪を犯してしまう障害者のことを知りたいと思い、年休をとっては裁判を傍聴するようになりました。そのなかで犯罪を繰り返す累犯障害者がいることを知り、罪を犯す理由に驚きました。パチンコ代欲しさから近くに住む高齢女性の首をしめ、失神させてから現金を盗み、パチンコ店に直行した女性。サイレンを鳴らして走る消防車が見たいので、空き家に放火する男性。被告は明らかに知的障害があり、彼らには居場所も頼れる親族も友だちも役割さえもないことを知りました。もっとも驚いたのは、ある被告の一言でした。

　裁判長が、何度も刑務所に入っていますが、刑務所での暮らしは嫌じゃありませんか、と尋ねると、被告は、自由がないことを我慢すれば、やることがあるので暮らしやすいところです、というようなことを答えたことでした。

　以来、障害がある人は刑務所に入れてはいけない、彼らは社会のなかで、信頼できる人に依存しながら暮らす経験が必要なのだと確信しました。でも、裁判のなかでは「裁判長、異議あり」とは言えずに、なんとも不思議な裁きの傍聴を今日も続けています。

第10章

議員からみた
高齢者福祉・介護部門

1　議員からみた高齢者福祉・介護部門

（1）基礎自治体の役割の高まりと財源難

　地域のことは地域に住む住民が責任を持って決める「地域主権」の確立が目指される中で、地方自治体、とりわけ住民に最も近い市区町村が果たす役割はますます大きくなっています。

　本章では自治体議員の立場から、行政の高齢者福祉・介護部門について、近年の動向や自身の区民との関わりを踏まえつつ、行政職員に期待されることを記させていただきます。

　筆者が所属する東京都世田谷区は、人口90万人超を擁し、東京23区の中でも比較的豊かと思われている自治体です。一方で、他の地域と同様、少子高齢化に伴う福祉支出の増大、人口減少、新型コロナウイルス感染症の影響等による税収減が予測され、区財政の見通しは厳しくなっています。

　持続可能な行財政運営に向けて、経費削減や事業の見直しを迫られる中で、当区においても国や都道府県の補助が見込めない、自治体が単費で実施する高齢者向けの独自施策は年々縮小傾向にあるのが実情です。紙おむつ支給や敬老祝い金の金額が下げられ、配食サービスも民間事業者への切り替えが行われています。

　直近では、昭和45年の開設以来多くの地域住民に利用されてきた、大浴場やカラオケなどを備えた老人休養ホームの閉館が決まり、高齢者団体からは「廃止しないでほしい」という陳情請願が議会に相次いで提出されました。厳しい区財政の見通しについて認識を共有しながら、持続可能な福祉社会のありかたを地域住民とともに考えていくこ

とが求められています。

（2）住民との接点の減少

　基礎自治体の行政職員には、住民に最も身近な存在として、住民の意見や相談に耳を傾けながら、ともに協力し合い地域の課題解決を図っていくことが期待されています。

　本区でも、職員はまず出先機関である出張所などに赴任し、そこで窓口対応をして住民に鍛えられて、本庁に戻ってくるというのが通例だったようです。

　しかし近年では、区民の利便性向上と公務員の業務効率化との観点から、コンビニでの住民票発行など、窓口に行かなくても様々な行政手続きができるよう改革が進められ、出張所から住民の姿が激減しました。出先機関に配置される人員数も減らされ、行政職員が地域住民と直接関わる機会が少なくなっています。

　今般、行政手続きのオンライン化など自治体デジタル・トランスフォーメーション（DX）が進められていることから、こうした傾向は一層強まるかもしれません。

　高齢者福祉・介護の分野でも、かつては公務員ヘルパーが、在宅療養の高齢者や障がい者の介護を直接担ってもいました。しかし現在では、いわゆる困難ケースも含め、外郭団体、地域包括支援センターや居宅介護支援事業所、訪問介護事業所などの民間介護サービス事業者が、医療ニーズの高い方、障害者と高齢者の世帯や8050問題など多様な区民のニーズに対応しています。行政職員が区民の暮らしぶりを直接把握する機会は福祉部門においても減少しています。

　また、地域住民のありかたも変わってきています。とりわけ都市部

においては、町会自治会などのコミュニティが機能しなくなってきています。従来からの地縁組織だけに頼っていては、市民生活の実態を正しくとらえることができず、地域福祉も立ちゆきません。普段役所との接点がないサイレントマジョリティーの意見をどう汲み上げ、まちづくりへの参画を促していくかも課題といえます。

（3）女性管理職の活躍とジェンダーの問題

　男女共同参画の観点から高齢者福祉・介護部門をみると、また別の景色が見えてきます。

　男女共同参画社会基本法（1999年）や女性活躍推進法（2016年）が制定され、政府は管理職など指導的地位に占める女性の比率を高めるよう、数値目標を掲げて取り組んでいますが、現状は依然道半ばです。

　各自治体の管理職に女性が占める割合を内閣府が公表していますが、2020年度の都道府県における女性管理職の割合は、鳥取県を除く全ての都道府県で2割以下と低い数値にとどまっています。

　本区においても、本会議が開催されると、答弁を行う幹部職員（部長級以上）がずらっと議場のひな壇に並びますが、そのほとんどが男性職員で占められていることが一目瞭然です。

　しかし、その中において、福祉部門の幹部職員には例年、他の部門と比べて女性管理職の就任が多いように見えます。

　本区では過去に、高校を卒業し入区した福祉部門の生え抜き女性職員が部長まで勤め上げ、定年退職後に経験を買われて外郭団体の理事長に就任された猛者もいたほどです。その方は、その後福祉部門を任される副区長に抜擢され、「天下り」の後に「天上がり」か！と議員たちを驚かせました。

　職員人事を扱う厚生課に聞くと、やはり福祉部門は数字上でも、他部門と比して女性管理職が多いとの回答でした。保健師として採用された女性が管理職試験を受けられ、経験をいかして活躍されるケースも多いとのことなので、この傾向は本区だけではなく他の自治体でも同様と考えられます。

　また、職員と住民との接点が減ってきたとはいえ、福祉分野ではまだ高齢者や障がい者の団体、親の会、介護事業者など、市民と直接関わる機会が多くあります。この分野で女性管理職が多い背景には、人当たりの良さやコミュニケーション能力への期待が女性の登用につながっている面もあると、担当職員から打ち明けられました。

　高齢者福祉・介護部門における女性管理職の活躍は、自治体におけるジェンダーギャップの解消に貢献する可能性があるものの、「住民対応は女性のほうが向いている」という期待がジェンダーバイアスに基づいてはいないか、留意していく必要があるとも感じます。

2 縦割りから横串へ

他所管との連携

　住民ニーズが多様化、複雑化している中で、高齢者福祉・介護分野の業務には、専門性が必要であると同時に周辺領域に関する知識と連携も欠かせません。近年では、従来型の「縦割り」行政のあり方を改め、「横串を刺す」という表現がさかんに使われるようになっています。

　高齢者に特に関連の深い保健医療、障害福祉、生活保護といった福祉領域の他の所管との横串の連携は外せませんが、近年重要視されているものに福祉部門と住宅部門との連携があります。

　とりわけ都市部では賃料負担が大きいことから、高齢者向けの公営住宅は抽選倍率が100倍、200倍超えの物件もざらで、なかなか当たりません。我々議員への区民からの「陳情」でも、最も多いのがこの「公営住宅に入れてもらえないか」という要望ではないでしょうか！

　独居高齢者が増える中で、家賃を払う資力はあっても、孤独死の懸念などから、借りられる民間賃貸住宅を探すのが難しい現状もあります。本区では民間の不動産店団体や外郭団体と連携し、物件の開拓や紹介など、高齢者の居住支援を行っています。

　他にも、福祉移動サービスに関しては関東運輸局や国土交通省などとの縦の連携、交通不便地域におけるバス路線の増設などは民間鉄道事業者との連携、高齢者の地域活動や支え合いの場づくりでは、市民活動課のようなセクションや社会福祉協議会などの外郭団体との連携も必要です。

　また、生きがいのため、あるいは年金で足りない生活費を補うため、高齢者になっても就労したい、就労せざるを得ない区民も増加してい

ます。産業部門との連携やシルバー人材センターの役割も重要となっています。

3 民間事業者との関係

（1）指定取り消しの事例

　高齢者福祉・介護施策の推進のため、民間事業者の協力は欠かせないものです。しかし、8章でも触れられていたように、民間事業者からみた行政は、事業の許認可や取り消しの権限をもっていることから、職員に対し壁があるのも実際のところです。

　筆者は以前こんな経験をしています。ある訪問介護事業者が、法律で決められた人員基準を下回った状態で長期間にわたりサービス提供を続けていたことがわかり、区から指定の取り消しと介護保険料の返還を命じられました。

　その間行ったサービスの全てが「不正請求」の扱いとなり、得られた介護報酬を全額国保連に返還しなくてはならないのに加え、100分の40の加算金が徴収されるため、合計数千万円にわたる返還金が発生してしまいました。

　相談にのってほしいと事業者から連絡があり、話を伺ったところ、常勤ヘルパーが急に離職し、求人をかけたが応募者が全くない。他のヘルパーが穴埋めし利用者へのサービスを行ったため、国保連や利用者から受領した介護報酬はすでにヘルパーへの給料として支払い、手元にはない。法人にそれだけの金額を期日までに一括返金する資力はないと困り果てていました。

　ヘルパーが確保できないのであれば、このような事態になる前に、事業者は事業の廃止、譲渡などしかるべき手段をとらなければなりません。返還は免れず、運営法人は分割での支払いに応じることとなり

ました。

　その事業所の指定取り消しと返金の話は、すぐに他の介護事業者に
も広まりました。すると、私のところに複数の訪問介護事業所の責任
者から、「実はうちも離職者が出て、まだ採用ができていない。この
ままだと指定取り消し、返金になってしまう。どうしたらよいか。」
と立て続けに連絡が入りました。泣きながら相談に見えた責任者の方
もいらっしゃいました。

　事業者名を明かさずに筆者が区に状況を打ち明けると、指導課の方
でも、まずは隠さず相談に来て欲しいといわれます。しかし、事業者
からすると怖くて相談することができないでいるのです。

　事業者には法律をしっかり守って運営していただかなければなりま
せんが、慢性的な介護人材不足により、ヘルパーの採用は常に困難を
極めていることも確かです。小規模事業所ほど、求人にお金をかける
こともできず、ギリギリの状態です。経営のスキルやノウハウに乏し
い事業所もあります。同じことが起きないためにも、こうした実情を
行政職員にも知ってもらい、背景にある課題を共有しながら、解決方
法はないか共に考える姿勢をもっていただければありがたく感じます。

（2）未届け老人ホームの事例

　2009年に群馬県の未届け有料老人ホーム「たまゆら」で火災があり、
10人の入居者が亡くなった痛ましい事件がありました。わが区議会と
しても、未届施設は危険だと問題視し、区もその実態把握に乗り出し
ていたときのことです。

　区での動きを知った未届施設の経営者から私に、「ぜひ一度うちの
ホームを見に来てほしい」と連絡をいただきました。

　経営者の方は自ら車を出して迎えに来られ、一軒家を改築したホームに案内されました。

　そこでは、身寄りのない、家族からの支援を得られない高齢者の方々が、肩を寄せ合って暮らしていました。共有のLDKに、個室はなく、パーテーションで仕切られただけの狭い就寝スペースしかありませんでしたが、生活保護受給者はもちろん、低年金の高齢者も払える金額で受け入れを行っているとのこと。

　このホームは、確かにスプリンクラーの設置などハード面での基準を満たせていませんでしたが、災害に備えて避難訓練の取り組みを実施していました。介護ヘルパーも常駐、適切なケアや日常生活の世話が行われていることは、穏やかな表情で過ごされている入居者の様子からも明らかです。

　当時、本区では、特養ホームの待機者が2,000人を超えており、要介護４、５であってもすぐには入れない状況にありました。低年金・無年金者、離婚や死別、非婚、家族関係の悪化・希薄化などで、頼れる身内のいない高齢者が増える中、行政も議会もこうしたホームの必要性を認めざるをえません。

　区も親身に助言、指導をしていったところ、このホームは資金調達ができて改築を行い、現在は基準を満たした住宅型有料老人ホームとして運営しています。職員の粘り強いサポートで、低年金者も安心して利用できる地域の社会資源を増やすことにつながった一例といえるでしょう。

4　議員との関係

議会質問を役人が書いていた理由

　筆者は2007年の統一地方選挙で議員に初当選しましたが、議員が行う議会質問を実は役人が書いているという実態があることを知って驚きました。当選同期には血気盛んな20代の新人が多く、質問は議員の仕事、役人の作った質問原稿を読み上げるだけなんて！と皆が反発したため、筆者の周囲ではそのような風習はありませんが、今でも議会の一部で残っているようです。

　重鎮議員に話を聞くと、かつては行政職員が、進めたい政策を議員に質問してもらうことで、後押しをしてもらうということがままあったということでした。出張所勤務などを通じ住民の生活を肌で感じ、住民に鍛えられてきた職員が管理職になっていき、区の福祉の将来像を真剣に考えるようになります。現場を知っていて、ビジョンをもって語れる職員が、議員とも膝をつき合わせてよく政策論議をしていたのだそうです。必要なものが既存の施策になければ自ら作りだす、そのための予算を獲得しようという熱意があり、議会の後押しを得ながら、区でできないものは国や都に貪欲に財源を求めていく姿勢があったということです。

　一例として、介護保険の「夜間対応型訪問介護」や「定期巡回・随時対応型訪問介護看護」といったサービスは、実は本区で全国に先駆けて、民間介護事業者と連携し独自に実施した事業が、全国版の介護保険のサービスとして制度化されたものです。「このサービスはうちの区が考案して厚生労働省に売り込み、モデル事業に選定させた」と、当時の部長はよく自慢げに語っていました。福祉分野においては特に、

世田谷区は「2位じゃダメだ」という気概が行政にも議会にもみなぎっていたものです。

　今の職員は日々の業務で疲弊しており、余裕がないようにみえるのが気になるところです。

5　住民との関係

市民参加による条例づくり

　行政運営における市民の参加と協働が促進される中で、本区が2010年に制定した「世田谷区認知症とともに生きる希望条例」は、認知症になっても希望をもって自分らしく生きられるまちづくりを掲げ、認知症の本人、家族を含めた区民の方々とともに作り上げた条例として、良い評判を得ることができました。

　実は、当初区では、このような形で認知症条例を策定することを企図してはいませんでした。

　「認知症になったらおしまい」というような、今までの認知症観の転換を求める区民の側から、行政や議会、区長への突き上げがあり、条例の検討委員会メンバーには区民の福祉ジャーナリスト、学識者や現場の医師などが次々参加してきました。また、検討委員会に当事者が入っていないのはどうなのかと、議会でも筆者をはじめ複数の議員から指摘が相次ぎ、区も条例づくりに参画いただける当事者の発掘に乗り出しました。

　条例のパンフレットデザインには、当事者が顔写真入りでメッセージを発信したり、当事者の描いたイラストを採用するなど、認知症の人がその意思を尊重され、能力を発揮しながら暮らし続けられる区の将来像を明確に示しています。

　地域住民が福祉の「支え手側」と「受け手側」に分かれるのではなく、それぞれが役割を持ち、支え合いながら自分らしく活躍できる「地域共生社会」の実現を目指す国の方向性に沿ったものですが、結果として、人口90万人自治体として多様な住民の力が生かされた、本区ら

しい条例ができあがったと感じています。

　市民参加による条例づくりは時間と労力がかかります。多忙な職員にとって負担になるかもしれませんが、条例は自分たちのまちに必要な施策を実現するために、これがなくては始まらない予算確保の裏付けとなるものです。地域住民や議員とも是非膝をつき合わせながら、前向きに取り組んでいただけたらと思います。

第11章

知っておくべき根拠法令と
用語の解説

1 　高齢者福祉に関連する主な法律

　以下に、高齢者福祉に関連する主な法律を分野別に示します。法律の規定する内容が複数の分野にまたがる場合は、当該法律の規定する主な分野で分類しています。

（1）福祉

・老人福祉法（昭和38年法律第133号）
・社会福祉士及び介護福祉士法（昭和62年法律第30号）

（2）介護

・介護保険法（平成9年法律第123号）
・介護労働者の雇用管理の改善等に関する法律（平成4年法律第63号）
・介護・障害福祉従事者の人材確保のための介護・障害福祉従事者の処遇改善に関する法律（平成26年法律第97号）

（3）医療

・高齢者の医療の確保に関する法律（昭和57年法律第80号）
・地域における医療及び介護の総合的な確保の促進に関する法律（平成元年法律第64号）

（4）虐待

・高齢者虐待の防止、高齢者の養護者に対する支援等に関する法律（略称：高齢者虐待防止法）（平成17年法律第124号）

（5）移動

・高齢者、障害者等の移動等の円滑化の促進に関する法律（略称：バリアフリー新法）（平成18年法律第91号）

（6）住まい

・高齢者の居住の安定確保に関する法律（平成13年法律第26号）

（7）雇用

・高年齢者等の雇用の安定等に関する法律（昭和46年法律第68号）

（8）用具

・福祉用具の研究開発及び普及の促進に関する法律（平成5年法律第38号）

（9）その他

・生活保護法（昭和25年法律第144号）
・高齢社会対策基本法（平成7年法律第129号）
・障害者基本法（昭和45年法律第84号）
・障害者総合支援法（障害者の日常生活及び社会生活を総合的に支援するための法律）（平成17年法律第123号）
・身体障害者福祉法（昭和24年法律第283号）
・知的障害者福祉法（昭和35年法律第37号）
・精神保健及び精神障害者福祉に関する法律（昭和25年法律第123号）
・発達障害者支援法（平成16年法律第167号）

・保健師助産師看護師法（昭和23年法律第203号）

・民生委員法（昭和23年法律第198号）

2　主要な用語の解説

（1）第1章関係

・措置制度

　行政行為に基づいて福祉サービスが提供されることを意味する。戦後、「措置制度」のもとで福祉が展開されてきた。措置を行う機関を「措置権者」といい、主に市役所があてはまる。具体的には、社会福祉法人などの社会福祉施設へ入所を決定する事務を指す。

　しかし、高齢者への入所措置は介護保険制度が創設されて以降、多くは廃止された。現在、措置制度が残っているのは、養護老人ホームの入所業務のみ。

　また、高齢者虐待などが生じると、被害にあった高齢者を福祉事務所が一時的に施設に入所されることも「措置」と位置づけられる。

・第1号被保険者・第2号被保険者

　介護保険の被保険者は、65歳以上の第1号被保険者と、40歳から64歳までの第2号被保険者に分けられる。第1号被保険者は、原因を問わずに要介護認定または要支援認定を受けたときに介護サービスを受けることができる。第2号被保険者は、16種類の特定疾病（がん（末期）、関節リウマチ、初老期における認知症など）が原因で要介護（要支援）認定を受けたときに介護サービスを受けることができる。

・要介護認定

　どのような介護を、どの程度必要かを判定し、必要に応じた介護サー

ビスを給付するための仕組み。全国統一の客観的な基準で判定される
ため、公平に給付が行われることとなり社会保険である介護保険制度
の公平性を担保する。

・地域包括支援センター

　地域の高齢者が健康で安心して暮らせるよう、保健・医療・福祉の
面から総合的に支援するための機関。市町村や、市町村が委託する組
織により公的に運営され、市町村に１つ以上設置されている。介護に
ついての不安や悩みについて、安心して相談することができ、相談・
支援は無料。

💬（２）第２章関係

・介護保険事業計画

　介護保険法では、介護保険事業における保険給付の円滑な実施が確
保されるよう国が基本指針を定め、この基本指針に即して市町村は市
町村介護保険事業計画を、都道府県は介護保険事業支援計画を、それ
ぞれ３年間を１期として策定することとしている（令和３年度は第８
期介護保険事業（支援）計画の始期）。

　市町村は、種類ごとの介護サービス量の見込み（区域毎）等を設定
して、保険料を設定する。都道府県は、市町村の計画を踏まえて介護
サービス量を見込むとともに、市町村が行う介護予防・重度化防止等
の支援内容及び目標等を記載する。

　なお、介護保険事業（支援）計画は老人福祉計画と一体的に策定さ
れることとなっている。

・要介護度

　要介護度は、介護の程度に応じて要介護１から５までの５段階に分かれ、要介護５が最も重度な状態。また、要介護の状態となる恐れがある状態である「要支援」は、要支援１と２に分かれており、要支援２がより支援の必要な状態。

・老人福祉計画

　老人福祉法に基づき、都道府県及び市町村が策定することとされている。

　市町村は、老人居宅生活支援事業及び老人福祉施設による事業（以下「老人福祉事業」という。）の供給体制の確保に関する計画（以下「市町村老人福祉計画」という。）を定めるものとされ、市町村老人福祉計画では、当該市町村の区域において確保すべき老人福祉事業の量の目標等を定めるものとされている。

　都道府県は、市町村老人福祉計画の達成に資するため、各市町村を通ずる広域的な見地から、老人福祉事業の供給体制の確保に関する計画（以下「都道府県老人福祉計画」という。）を定めるものとされ、都道府県老人福祉計画においては、当該都道府県が定める区域ごとの当該区域における養護老人ホーム及び特別養護老人ホームの必要入所定員総数その他老人福祉事業の量の目標等を定めるものとされている。

（3）第3章関係

・介護保険事業の指定

　事業者が介護給付の対象となる介護サービスを提供するにあたり、都道府県等からその指定を受けること。主に居宅サービス、地域密着

型サービス、施設サービスに分類される。

・集団指導

　高齢者の尊厳を支えるよりよい介護サービスが提供されるため、その質の確保・向上を図ることを目的として指導がなされ、指導は集団指導と実地指導に分類される。

　集団指導は、都道府県又は市町村が指定、許可の権限を持つサービス事業者等に対し必要な指導の内容に応じ、一定の場所に集めて講習等の方法により実施される。

・実地指導

　高齢者の尊厳を支えるよりよい介護サービスが提供されるため、その質の確保・向上を図ることを目的として指導がなされ、指導は集団指導と実地指導に分類される。

　実地指導は、厚生労働省、都道府県又は市町村が、指導の対象となるサービス事業者等の事業所において実地に行うとされている。なお、一般指導とは、都道府県又は市町村が単独で行うものをいい、合同指導とは、厚生労働省及び都道府県又は市町村が合同で行うものをいう。

・監査

　介護サービスの提供にあたって指定基準違反や不正請求等が疑われる場合に、介護保険法で定められた権限を行使する監査が実施され、それに基づき都道府県等は適正な措置を講ずることとされている。

（4）第4章関係

・フレイル

　日本老年医学会が提唱したもので、加齢による心身の活力（筋力・認知機能・社会とのつながりなど）が低下した虚弱な状態を言う。

　フレイルは健康と要介護状態の間のような段階で、放置すると、健康や生活機能を損なうおそれがあり、ほとんどの高齢者がこの段階を経て要介護状態につながっていくとされる。しかし、早期に気づき日常生活を見直すなどの対処を行うことにより、健康な状態に戻る可能性があるため、フレイル予防を啓発し健康寿命の延伸を図っていくことが重要となる。

・2025年問題

　一般的に1947（昭和22）年から1949（昭和24）年にかけての3年間に生まれた人を団塊の世代という。現在の年間出生数は100万人を大きく下回っているが、この3年間は毎年、出生数が260万人を越えていた。

　そして、2025年には、この団塊の世代の全員が75歳以上の後期高齢者になるため、医療や介護などの社会保障の急増が懸念される問題を指す。

・介護支援専門員・ケアマネジャー

　介護支援専門員とケアマネジャーは同義。介護支援専門員は、要介護者や要支援者の人の相談や心身の状況に応じるとともに、サービス（訪問介護、デイサービスなど）を受けられるようにケアプラン（介護サービス等の提供についての計画）の作成や市町村・サービス事業

者・施設等との連絡調整等を行う者とされる。

・ケアプラン

　介護支援専門員が利用者の希望及び利用者についてのアセスメントの結果等に基づき、把握された解決すべき課題に対応するための最も適切なサービスの組合せについて検討し、利用者及びその家族の生活に対する意向、総合的な援助の方針、生活全般の解決すべき課題、提供されるサービスの目標及びその達成時期、サービスの種類、内容及び利用料並びにサービスを提供する上での留意事項等を記載したもの。

（5）第5章関係

・高齢者虐待

　高齢者虐待防止法では、高齢者とは65歳以上の者をいうとされ、養護者による高齢者虐待及び養介護施設従事者等による高齢者虐待をいうものとされる。主な虐待の類型としては、身体的虐待、介護・世話の放棄・放任、心理的虐待、性的虐待、経済的虐待に分類される。

・養護老人ホーム

　老人福祉法に規定された施設であり、65歳以上であって、環境上の理由及び経済的理由により、居宅において養護を受けることが困難な高齢者を市町村等の措置により入所させ、養護するとともに、自立した日常生活を営み、社会的活動に参加するために必要な指導及び訓練その他の援助を行う施設とされる。

　なお、環境上の理由とは、厚生労働省通知では、家族や住居の状況など、現在置かれている環境の下では在宅において生活することが困

難であると認められることとされ、経済的理由とは、老人福祉法施行令で、①65歳以上の者の属する世帯が生活保護法による保護を受けていること、②65歳以上の者及びその者の生計を維持している者の前年の所得について、所得割の額がないこと、③災害その他の事情により65歳以上の者の属する世帯の生活の状態が困窮していると認められることとされる。

・措置制度・契約制度

　措置制度とは、行政が、行政処分という形で要援護者にサービスを提供し、その費用を公費で負担する制度を指す。主なサービスの提供主体は行政と社会福祉法人。

　しかし、2000年に介護保険制度が導入され、介護サービスの提供制度が、利用者が消費者として、自己決定の下に事業者やサービスを利用・選択する契約制度へと転換した。

・三位一体の改革

　2005年、「地方にできることは地方に」という理念の下、国の関与を縮小し、地方の権限・責任を拡大して、地方分権を一層推進することを目指し、国庫補助負担金改革、税源移譲、地方交付税の見直しの３つを一体として行われ、これが三位一体の改革と呼ばれた。

　このうち、税源移譲（国民が国へ納める国税を減らし、都道府県や市町村に納める地方税を増やすことで、国から地方へ税源を移すこと）によって、国から地方へ多くの税源が移譲され、国などの「ヒモ付き」がなくなり、地方自治体の一般財源とされた。

（6）第6章関係

・老人クラブ

　老人福祉法第13条で規定される、地域を基盤とする高齢者の自主的な組織。地域において、高齢者が活躍する取組みを推進するにあたり、老人クラブに対する行政の支援は重要とされる。

　クラブの会員の年齢は60歳以上とし、クラブの会員の規模は、30人以上とされるが、厚生労働省から、人数要件の弾力的な運用が示されている。

・老人福祉センター

　無料又は低額な料金で、老人に関する各種の相談に応ずるとともに、老人に対して、健康の増進、教養の向上及びレクリエーションのための便宜を総合的に供与することを目的とする、老人福祉法第20条の7で規定される施設。

・民生委員

　援助が必要な方を把握・相談に応じたうえで、各種福祉サービスや支援に関する情報提供を行い、必要に応じて、行政や専門機関につなぐ役割を担う。また、つないだ後も、継続的に見守ることもあり、地域福祉活動において、現在の地域福祉の推進において欠かせない存在。老人福祉法等においても、民生委員の役割が規定されている。

　身分は、非常勤の地方公務員。また、児童福祉法の規定により児童委員を兼ねる。民生委員法第10条で、給与は支給しないとされる。ただし、活動費（交通費、通信費、研修参加費など）は支給され、任期は3年と規定。全国統一で12月1日を基準とされ、直近の改選は令和

元年12月 1 日。

 （7）第 7 章関係

・地域包括ケアシステム

　要介護状態となっても、住み慣れた地域で尊厳をもって、自分らし
い生活を最後まで続けることができるように、住まい・医療・介護・
予防・生活支援が一体的に提供され、地域内で助け合う体制のことで、
厚生労働省は2025年を目途にその実現を目指している。

 （8）第 8 章関係

・地域ケア会議

　ケース当事者への支援内容の検討、地域包括支援ネットワークの構
築、自立支援に資するケアマネジメント支援及び地域課題の把握など
を目的に、地域包括支援センター又は市町村が開催する。介護支援専
門員等によるサービス担当者会議で解決困難な課題等を多職種で検討
する。例としては、支援者が困難を感じている、支援者が自立を阻害
していると考えられる、支援が必要だがサービスにつながらない、権
利擁護が必要な場合など。

 （9）第10章関係

・未届け有料老人ホーム

老人福祉法第29条第 1 項に基づき、高齢者を入居させ、食事の提供、
介護の提供、家事の供与、健康管理のいずれかのサービスを提供して

いる施設であり、有料老人ホームの実態があるにも関わらず、老人福祉法で義務付けられた届出をしていない施設。不適切・不十分なケアや人員配置・住環境等の面での課題が懸念されている。

編著者紹介

結城　康博（ゆうき・やすひろ）

淑徳大学総合福祉学部教授。

1969年生まれ。淑徳大学社会福祉学部卒業。法政大学大学院修了（経済学修士、政治学博士）。1994〜2006年、東京都北区、新宿区に勤務。この間、介護職、ケアマネジャー、地域包括支援センター職員として介護係の仕事に従事（社会福祉士、介護福祉士）。現在、淑徳大学総合福祉学部教授（社会保障論、社会福祉学）。『介護職がいなくなる』岩波ブックレット、その他多数の書籍を公刊。

はじめに、第1章担当。

網中　肇（あみなか・はじめ）

千葉県議会議員。

1972年生まれ。慶応義塾大学法学部卒業。政策研究大学院大学修了（政策研究修士）。1997〜2010年、千葉市に勤務。2011年〜千葉県議会議員（現在に至る）。『これで納得！福祉のお金』（共著）ぎょうせい、その他。

第3章、第5章、第11章担当。

執筆者一覧

◎は編著者

◎第1章　結城　康博（淑徳大学総合福祉学部教授）

第2章　大塚　　薫（元千葉県職員）

◎第3章　網中　　肇（元千葉市職員）

第4章　小畑みづほ（沼津市職員、保健師）

第5章　網中　　肇（前　掲）

第6章　関　　泰輔（越谷市地域共生推進課長）

第7章　猪飼　容子（社会福祉法人貞徳会顧問）

第8章　前田　麗子（主任ケアマネジャー）

第9章　吉田　浩滋（元鎌ケ谷市職員、言語聴覚士）

第10章　中塚さちよ（世田谷区議会議員）

第11章　網中　　肇（前　掲）

シリーズ　今日から福祉職

押さえておきたい介護保険・高齢者福祉

令和3年10月20日　第1刷発行

編　著　　結城　康博・網中　肇

発　行　　株式会社 ぎょうせい

〒136-8575　東京都江東区新木場1-18-11
URL：https://gyosei.jp

フリーコール　0120-953-431

ぎょうせい　お問い合わせ　検索　https://gyosei.jp/inquiry/

〈検印省略〉

印刷　ぎょうせいデジタル株式会社　　　　　©2021 Printed in Japan
※乱丁・落丁本はお取り替えいたします。

ISBN978-4-324-11005-8
(5108718-00-000)
〔略号：シリーズ福祉（高齢者福祉）〕